KNAUR

Über den Autor:
Herman van Veen (*1945) wuchs in Utrecht auf, wo er auch das Konservatorium besuchte. 1965 feierte er mit dem Soloprogramm »Harlekin, niemands Knecht, niemands Herr« sein Theaterdebüt. Seitdem reist er mit seinen Vorstellungen um die Welt. Von seiner Hand entstanden bis heute 180 CDs, 80 Bücher und ungefähr 500 Gemälde.
Sowohl für sein künstlerisches Werk als auch für seinen Einsatz für den Frieden wurde er mehrfach ausgezeichnet, darunter mit dem Verdienstkreuz der Bundesrepublik Deutschland. In den Niederlanden wurde er zum Ritter im Orden von Oranien-Nassau und zum Ritter im Orden vom Niederländischen Löwen geschlagen. Herman van Veen ist Vater von vier Kindern und der Waisenente Alfred Jodocus Kwak. Er hat drei Enkel. Zuletzt erschienen von ihm bei Knaur *Erinnerte Tage* und *Es regnet im Radio.*

Herman van Veen

SOLANGE ES LEICHT IST

Geschichten übers Älterwerden

Aus dem Niederländischen
von Thomas Woitkewitsch

KNAUR

Die niederländische Originalausgabe erschien 2018 unter dem Titel »Voor het eerst« bei Uitgeverij Thomas Rap, Amsterdam.

Die Illustrationen in diesem Buch wurden vom Autor angefertigt. Sie sind inspiriert vom handgeschriebenen Manuskript der niederländischen Ausgabe.

Besuchen Sie uns im Internet:
www.knaur.de

Aus Verantwortung für die Umwelt hat sich die Verlagsgruppe Droemer Knaur zu einer nachhaltigen Buchproduktion verpflichtet. Der bewusste Umgang mit unseren Ressourcen, der Schutz unseres Klimas und der Natur gehören zu unseren obersten Unternehmenszielen. Gemeinsam mit unseren Partnern und Lieferanten setzen wir uns für eine klimaneutrale Buchproduktion ein, die den Erwerb von Klimazertifikaten zur Kompensation des CO_2-Ausstoßes einschließt. Weitere Informationen finden Sie unter: www.klimaneutralerverlag.de

FSC www.fsc.org MIX Papier aus verantwortungsvollen Quellen FSC® C083411

Vollständige Taschenbuchausgabe April 2021

Ein Imprint der Verlagsgruppe
Droemer Knaur GmbH & Co. KG, München

Redaktion: Jan Wielpütz
Covergestaltung: ZERO Werbeagentur, München
Coverabbildung: © Bernd Hagedorn
Abbildungen im Innenteil: Herman van Veen
Satz: Adobe InDesign im Verlag
Druck und Bindung: CPI books GmbH, Leck
ISBN 978-3-426-79050-2

2 4 5 3 1

Älter wird man
zum ersten Mal
alles ist frisch und neu

Vor dir schließt eine Welt
ihre Pforten

Inhalt

Zehn Jahre,
ein Kind,
zwanzig Jahre,
ein Jüngling,
dreißig Jahre,
ein Mann,
vierzig Jahre,
wohlgetan,
fünfzig Jahre,
still stehn,
sechzig Jahre,
abwärts gehen,
siebzig Jahre,
ein Greis,
achtzig Jahre,
von der Weide,
neunzig Jahre,
der Kinder Spott,
hundert Jahre,
Gnade Gott

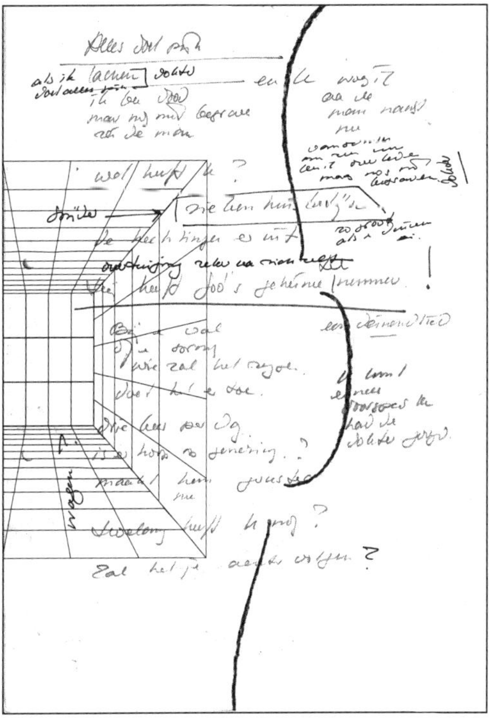

Vorwort

Der eine Mensch wird acht, der andere hundert Jahre alt. Das Leben ist ein labiles System, in dem man das Gleichgewicht leicht verlieren kann. Aber zum Glück kann man es wiederfinden, wenn das Pech nicht zuschlägt und man wieder aufrecht steht.

An dem Tag, an dem man geboren wird, wohnt in einem das Alter. Das ist ein biologischer Vorgang. Das Leben geht, wie es geht, es hüpft und schleicht. Wie lange? Das weiß kein Mensch. Man kann das ein bisschen beeinflussen, aber letztendlich scheint es doch vom Zufall abzuhängen.

Abgesehen von den knirschenden Körperteilen und dem ständigen Vergessen von Namen ist für mich diese Zeit, auch wenn ich weniger jung bin als gestern, die beste meines Lebens.

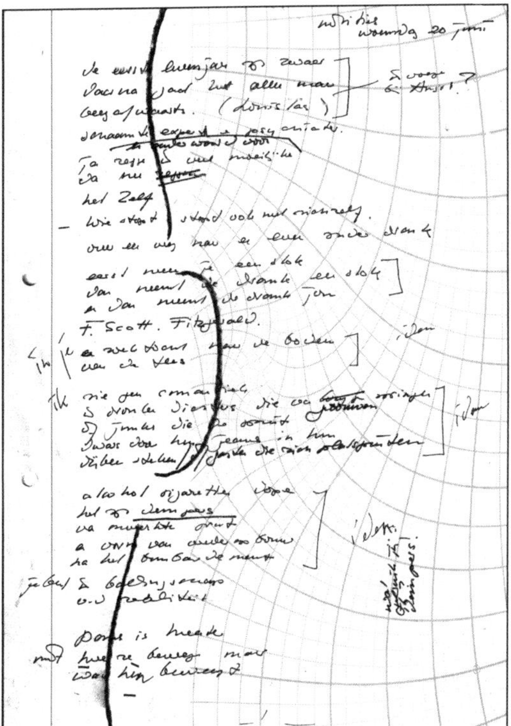

notities
woensdag 20 juni

de eerste levensjaren zijn zwaar
daarna gaat het alleen maar
bergafwaarts. (Doris Lessing)
[illegible]

het Zelf
– [illegible] staat ook met zichzelf.
[illegible] andere drank

eerst neem je een slok
dan neemt de drank een slok
en dan neemt de drank jou
F. Scott. Fitzgerald.

[illegible]

alcohol sigaretten dope
[illegible]

[illegible]

Dorst is [illegible]
[illegible]
[illegible] beweegt

Es liegt in der Familie

Opa, eine Seele von einem Menschen, Handlungsvertreter in Sachen Gott. Ein Mann, der keiner Fliege etwas zuleide getan hatte. Stand da ganz außer sich vor Wut, nur in einer Unterhose, mit seinen großen Predigerhänden um den Nacken einer schreienden Frau, und war dabei, sie zu würgen. Man sah seine Schläfen pulsieren, seine Augen rollten wild. Mit seinem schiefen Mund schrie er, wie mir später klar wurde, in fließendem Französisch, wobei Opa nie zuvor ein einziges Wort jenseits der Grenze gesprochen hatte, dass die Frau in seinen Händen, ein Unglücksweib, eine Verräterin war, die den Galgen verdiente. Er hätte die Hexe auf frischer Tat ertappt, beim Mischen von dem Gift, mit dem sie ihn, Philippe de Bourbon, Herzog von Orléans, töten wollte. Beim Anblick dieses Dramas musste ich plötzlich an die Puppenkiste von Jan Klaassen und Katrijn denken. Der Kopf der Frau über den Händen meines Opas sah aus wie ein weiß bemalter Holzklotz. Schwarze Augenränder, starrer Blick. Ihr jetzt sprachloser, aufgerissener, knallroter Mund war nicht in der Lage, uns, ihre Lieben, anzurufen. Meiner Meinung nach war sie schon tot. Opas blutleere Hände klemmten wie Schraubstöcke an ihrem Hals. Alles ging so schnell. Wir kamen hinein, mein Vater und ich, mit einem kleinen Blumenstrauß vom Bauern und einer Tüte mit von meiner Mutter gebackenen Keksen, zu Besuch bei Opa, dem Vater meines Vaters. Er hatte in der Woche zuvor einen Schlaganfall erlitten, was zur Folge hatte, dass er durch eine Schädigung in der rechten Hirnhälfte links halbseitig gelähmt war. Er wurde eingeliefert in ein Pflegeheim an der Plompetorengracht in Utrecht. Papa hatte noch gesagt: »Krieg keinen Schreck, wenn du ihn siehst, da ist etwas durcheinandergeraten, einige elastische Bänder haben sich gelöst. Und er spricht kein Niederländisch mehr, das hat er verloren. Opa spricht jetzt Französisch.« Darüber musste ich lachen. »Ja, älter werden und so ein Schlaganfall, es liegt in der Familie«, murmelte er.

Mein Vater und ich standen wie festgenagelt in der Türöffnung. Als Papa den Schock überwunden hatte, rannte er ins Zimmer und versuchte mit seiner ganzen Kraft, Opas Hände loszurütteln. Das ging nicht. Sein Vater war ein fast zwei Meter großer Riese. Papa zerrte und zog so sehr, dass Opa mit seinem Opfer nach hinten umfiel und dabei einen kleinen Tisch mit einem großen gläsernen Lampenschirm mitnahm. Das Glas zersprang, die Lampe lag in Scherben. »Merde«, rief Opa.

Um mich herum tauchten still, wie Zombies aus dem Nichts, betagte Menschen auf, in Pyjamas, kurzen Morgenmänteln, einige waren nackt, andere trugen Filzpantoffeln. Ich wusste gar nicht, dass es so viele verschiedene Pimmel gab. Ein ganz dicker Mann hatte einen wie einen Knopf und ein ganz dünner Mann einen langen schlaffen mit einem kleinen Schnabel. Niemand schien erstaunt, niemand tat etwas. Das Einzige, was sich regte, war die Träne auf der Wange einer schönen alten indonesischen Frau in einem Morgenrock aus nachtblauer Seide. Neben sie stellte sich ein stockalter Mitbewohner mit einer Zahnbürste, die wie eine Zigarette in seinem Mund hing. Mir verschlug es den Atem. Jetzt kam ein Typ in einem weißen Kittel hereingestürmt, der sich der Sache annahm. In ihm erkannte ich den Untermieter, der bei uns gegenüber wohnte, meine Mutter nannte ihn den ewigen Studenten. »Herr van Veen, aufhören, aufhören!«, schrie er. Es war nicht klar, welchen

Herrn van Veen er meinte. Es gelang dem Mann durch sein Gebrüll, Opas Hände zu lösen. Der Kopf der Frau sackte schräg auf ihre Brust, Speichel lief aus ihrem Mund. Mein Vater hielt währenddessen Opa in Schach, das Einzige, was mein Großvater noch schaffte, war, in die Hose zu pinkeln. Ich fragte mich, ob »Urin« auf Französisch dasselbe bedeutet. Gebannt schaute ich auf den langsam größer werdenden gelben Fleck in seiner schlabbrigen Unterhose, während der Mann im weißen Kittel anfing, Erste Hilfe zu leisten. Er hielt der Frau die Nase zu und blies in ihren Mund, drückte abwechselnd auf ihre Brust. Es dauerte ewig, bis Frau de Witt, die Leiterin des Pflegeheims, wieder bei Sinnen war.

Während der Reanimation bezichtigte mein Großvater, jetzt wieder auf Niederländisch, seinen Sohn des versuchten Vatermordes. »Du sollst Vater und Mutter ehren«, schrie er mit Schaum vor dem Mund meinen sichtlich betroffenen Vater an. Eine Frau legte mir eine Hand auf den Arm. »Komm junger Mann, wir gehen in den Flur.« Während sie die Tür hinter uns zumachte und ich meinen Opa von Gottes Strafe brüllen hörte, dachte ich an den Satz, den mein Vater en passant sagte: »Es liegt in der Familie.«

»Herman, aufwachen, Junge, du musst in die Schule. Hast du geträumt?«, fragte meine Mutter, während sie mir die Bettdecke wegzog. »Mama, ich träumte, dass Opa die Frau vom Altersheim ermorden wollte.« »Opa? Opa kann schon mal schreien und mit seinem Spazierstock auf den Tisch hauen, aber versuchen, jemanden zu ermorden, nie im Leben.« »Mama? Papa sagt, dass es in der Familie liegt.« »Was?«, fragte meine Mutter. »Schlaganfälle und dass man wie Opa plötzlich Französisch spricht.« Meine Mutter zog die Augenbrauen hoch, legte ihre Hand auf meinen Arm und sagte: »Weißt du, Männlein, ehrlich gesagt, würde ich das toll finden, denn dann könnte ich verstehen, was die Edith Piaf so alles an schönen Worten singt.«

Zweiundsechzig Jahre danach sitze ich in einem knallvollen Thalys auf dem Weg nach Hause.

Ich war beruflich in Paris, habe das dreihundert Jahre alte Théâtre du Gymnase Marie-Bell besucht, wo wir mit unserer Vorstellung »Sauter ou tomber«, »Fallen oder Springen«, auftreten werden. Ein Grund der Reise war auch, nachzuschauen, ob es da für meine Malereien passende Wände gibt. Die gab es aber nicht. An jeder Wand war eine Tür, hing eine Lampe, wohnte eine Steckdose oder stand etwas davor, das nicht umgestellt werden durfte. Die wenigen übrig gebliebenen Wände, die geeignet schienen, waren Spiegelwände oder hingen voll mit Kleiderhaken vor der Garderobe.

Rase mit ungefähr dreihundert Kilometern pro Stunde durch das flache nordfranzösische Land. Gedanken strömen durch meinen Kopf.

Neben mir im Zug sitzt eine Familie, Vater, Mutter, Kinder, alle online. Mir gegenüber meine Frau, offline. Sie ist eingenickt, ihr Kopf pendelt hin und her im Rhythmus des Schnellzugs. Auf meinem Schoß liegt ein orangefarbenes Notizbuch voller Einträge über das kleine Werk, das Sie jetzt lesen. Habe dem Verleger versprochen, das Manuskript Ende August zu liefern. Denke, während der Schaffner mein digitales Ticket überprüft, an einen Satz aus einem Gedicht des flämischen Autors Bart Moeyaert, durch dessen Land wir gleich fahren werden.

Du brauchst einen Platz, einen Plan, einen Plot und dazwischen
ein paar Worte.

Ich sehe eine Sekunde lang ein Verkehrsschild, auf dem Orléans steht. Der Name der Stadt, in der mein Opa einst der Herzog war.

Hinter mir im Zug sitzt ein Franzose und hustet mir in den Nacken. Las neulich in einer Nachrichten-App, dass die Kombination von Kälte und Grippeepidemie allein in der letzten Woche des Februars 3887 Menschen das Leben gekostet hat, das ist die höchste Anzahl von Sterbefällen innerhalb einer Woche seit Beginn der Statistik. An der Grippe erkranken Ältere, und viele von ihnen bekommen als Komplikation bei der Grippe auch noch eine Lungenentzündung, durch die sie sterben können. Die hohe Todesrate wird sich bestimmt auf die Lebenserwartungsstatistiken auswirken. Unser Rentenalter wird nicht weiter steigen.

Ich bin froh, dass ich noch nicht alt bin, aber ich könnte mit meinen zweiundsiebzig der nächste Grippefall werden, infiziert von einer französischen Variante dank eines hustenden Mitreisenden. Hoffentlich werde ich nicht der Todesfall 3888.

Der Zug fährt langsamer, keine Haltestelle weit und breit. Er hält mitten in der Pampa, warum? Ein Reh auf den Gleisen? Ein hoffnungsloser Mann, der dachte, elf Milliarden Menschen auf der Welt, das reicht doch, ich mach ein bisschen Platz? Anscheinend ein umgewehter Baum. Glücklicherweise. Ziehe das Rollo am Zugfenster runter und denke, an einem Tag kommt man mit dem Fahrrad von hier an die Küste.

Tief hängende dunkle Haufenwolken ziehen vorbei. Hier regnet es immer, und wenn es nicht regnet, dann beginnt es zu regnen. Eine Sonnenbrille ist hier überflüssig.

Nirgendwo ist es westlicher als dort in Flandern, denke ich. Nirgendwo ist es windiger, weiden die Weiden so und rosen die Rosen roter. Die Häuser stehen da mit dem Po zum Meer.

Nirgendwo warten geduldiger, in endlosen Reihen, in passendem Abstand, die unzähligen weißen Kreuze.

Der Boden hält noch Bomben fest. Manchmal wird von einem spielenden Kind eine gefunden, die dann wie einst im Krieg explodiert. Da steht noch ein Baum, einer seiner Äste hielt einst das Tau eines Soldaten, der sich für sein eigenes Ende entschied. Da liegt ein flacher Stein, er trägt den Namen eines aus Gehorsam und blinder Pflicht nicht gelebten Lebens. Der flache Stein weiß nichts davon. Und in der Ferne warten noch immer das Meer und Wolken, aus denen auch damals der Regen fiel, während hinter ihnen eine Sonne erschien. Und was auch immer an Unbeschreiblichem geschah, die Vögel sangen einfach weiter.

Wenig später fährt der Zug hinter den Häuserfassaden her in das große Brüssel ein.

Schräg gegenüber von mir suchen zwei Frauen ihre Plätze. Die jüngere fragt: »Mama, willst du vorwärts oder rückwärts in die Niederlande fahren?« Die alte Frau, ungefähr in meinem Alter, sieht ihre Tochter erstaunt an. »Mit dem Rücken nach Amsterdam oder mit dem Rücken nach Paris?« Die Frau scheint es nicht zu begreifen und setzt sich mit dem Rücken nach den Niederlanden.

»Warum fliegen wir mit dem Flugzeug?« »Mama, das ist

ein Zug.« »Aber wir fahren doch nach Schiphol.« »Ja, da fahren auch Züge ab.« »Aber warum nehmen wir dann kein Flugzeug?« »Der Zug ist schneller.« »Schneller?« Es liegt offenbar auch bei ihr in der Familie.

Die Frau versteht es nicht. »Magst du einen Kaffee?« »Wenn sie einen haben.« Sie beugt sich nach vorn, nimmt die Hand ihrer Tochter und sagt: »Vergiss nicht, die Punkte aus der Verpackung zu schneiden, wäre schade.« »Punkte?« »Wenn du die sammelst, kannst du ein Service kriegen, ein Buch über die Natur oder Piggelmee.« *Nein*, will ich sagen, das Buch ist von van Nelle. Ich hab noch die Bücher von Kobold Piggelmee. Sie hießen *Het tovervisje* und *De wonderschelp* – *Das Zauberfischchen* und *Die Wundermuschel.* Höre noch die Stimme meiner Mutter, die auf dem Bettrand saß.

In dem Land der Blonden Dünen
und noch nicht weit von der See
wohnte einst ein Zwergenpärchen
mit dem Namen Piggelmee.
Es waren zwei ganz, ganz kleine Menschen,
Und sie wohnten – oh mein Gott –,
denn sie hatten ja kein Häuschen,
in einem alten kölschen Pott.
Gegen die Sonne und gegen den Regen –
Notdurft zeigte, wie es geht –,
hatten sie den Pott aus Stein
einfach einmal umgedreht.

Notdurft, das Wort hört man nicht mehr. Geschweige denn, dass man es liest.

Als die Frauen etwas später Kaffee trinken und der Zug aus dem Bahnhof fährt, fragt die junge Frau: »Mama, warum guckst du so bedrückt?«

Die alte Frau schweigt. Unsere Blicke kreuzen sich. Sie schaut nicht weg. Während wir uns so anstarren, lese ich in ihren Augen:

Wir laden Sie ein, mit uns Abschied von Mama zu nehmen, in die Aula des Krematoriums Amersfoort, Dodeweg 31, in Leusden am Dienstag, dem 6. März um 14 Uhr 30.

Meine Augen werden feucht. Mies war eine alte Freundin, kannte sie zweiundfünfzig Jahre. Sie war Journalistin, machte einzigartiges Fernsehen. Einige Niederländer nannten sie unsere wahre Königin. War sie eine der 3887?

Ich stehe wieder in der Halle des Krematoriums und warte zwischen ziemlich betagten bekannten Niederländern darauf, dass sich die Türen der Aula öffnen. Wir schlurfen hinein, finden einen Sitzplatz. Und hören liebe, traurige, rührende und witzige Worte. »Wie alt bist du jetzt?«, flüstert jemand. »In diesem März bin ich dreiundsiebzig geworden.« »Oh, noch ein Jüngelchen.« Der Tod liebt alte Menschen nicht, denke ich unterdessen.

Die Frau, die schräg gegenüber von mir im Zug sitzt, schaut jetzt nach draußen. Sie hat ein dunkles Kostüm an. Auf dem Schoß eine kleine schwarze Tasche, die sie festhält. Sie trägt fleischfarbene Strümpfe und bequeme Schuhe. Ihre Knöchel sind geschwollen, noch mehr als die von meiner Mutter.

Ich ziehe einen Faden aus dem »Geht gar nicht«-Pullover, wie meine Kinder ihn nennen. Bekam ihn irgendwann mal über den Nikolaus von meiner Mutter mit einem Gedicht über Wolle, in dem die Reimwörter Bolle, Knolle, Frau Holle, Scholle vorkamen. Besonders stilvoll ist dieser Pullover nicht unbedingt, aber er ist groß, warm und bequem.

Hab ihn schon seit einundvierzig Jahren. Meine Mutter konnte als führendes Mitglied des everlasting Strickvereins für Fortgeschrittene mit geschlossenen Augen stricken. Sehe sie noch am Ofen sitzen, tick, tick, tick, tick. Mit den Stricknadeln bearbeitete sie virtuos Schals, Pullover, Wolljacken – und alles, was verschlissen war, war bald wieder zu gebrauchen. So wurden aus verschlissenen Pullovern wollene Unterhemden, aus verschlissenen wollenen Unterhemden Topflappen, aus verschlissenen Topflappen Eierwärmer und aus verschlissenen Eierwärmern, nun ja, verschlissene Eierwärmer. Einmal strickte sie für mich eine Badehose. Weiß nicht mehr, welche Farbe sie hatte, irgendwas Dunkles. Mein Gott, was hab ich die gehasst. Wenn ich ins Wasser tauchte, tauchte ich auch ständig aus meiner gestrickten Badehose, weil sie in dem Salz so schwer wurde, dass sie runterrutschte, sodass jeder, wenn ich aus dem Wasser kam, meine kleine Stricknadel sehen konnte. Als ich meine Badehose endlich los war, ging ich am nächsten Samstag mit meinem Vater in einen Sportartikelladen, um eine vernünftige Badehose zu kaufen. Als mein Vater mir eine mit einem fröhlichen Fischmotiv zeigte und fragte: »Findest du die schön?«, nörgelte ich: »Ist mir egal, Hauptsache, sie rutscht nicht runter, wenn ich ins Wasser tauche.«

Auch heute trage ich jetzt liebend gerne diesen Pullover, der mich hoffentlich vor Grippe schützt, während ich durchs Fenster Schafe in ihren Wolljacken sehe. Wir sehen uns ähnlich. Was hat man von einem anderen, wenn er nicht anders ist?, grinse ich innerlich.

Schlage mein Notizbuch auf und lese beim Rütteln des Zuges die leicht tanzenden Worte der Erinnerungsskizzen, die ich in Paris zwischen den Terminen schrieb.

Ein Mietshaus, Kievitdwarstraat 52, das Haus meiner Kinderjahre, in dem noch vor dem Zweiten Weltkrieg gebauten Utrechter Bezirk M, die Vogelenbuurt. In unserer Straße wohnten einmal viele deutsche Juden, die in den dreißiger Jahren in Utrecht Zuflucht suchten. Das Haus hatte eine Haustür mit drei kleinen Fenstern. Darunter stand, mit der Hand geschrieben: Van Veen. Eine kupferne Klingel und einen Briefkasten. Klingel und Briefkasten waren immer spiegelblank, weil sie jede Woche von meiner Mutter mit wetterfestem Erdal (»Weniger putzen, langer Glanz«) gewienert wurden. Jetzt, da ich das schreibe, kann ich das Putzmittel beinahe riechen.

Hinter der Haustür war ein langer Gang, der zu einer kleinen Küche führte. Der Gang diente auch als Fahrradschuppen. Wir hatten keinen cremefarbenen Chevrolet mit Stoßstangen aus Chrom und Ledersitzen wie der Notar von gegenüber. Auch keinen schwarzen Citroën wie Doktor Schneider. Wir hatten tolle Fahrräder mit Klingeln und Kettenschutz.

An der Wand dieses Ganges hingen dicht hinter der Tür die Gas- und Stromzähler, in die man Münzen stecken musste, sonst funktionierten die Zähler nicht. Dann saß man im Dunkeln und konnte auch nicht kochen, geschweige denn eine Münze finden. Die Strommünzen waren größer als die Gasmünzen. In den Strommünzen war ein kleines Loch, in den Gasmünzen war eine Ecke ab, oder war's umgekehrt? Die Münzen kauften wir beim Gemischtwarenhändler. Das war für uns sehr praktisch, denn der wohnte ganz in der Nähe. Der Krämer bestand übrigens aus zwei Schwestern, die Tuls hießen. Von Zeit zu Zeit wurden die Münzkästchen im Auftrag der Gemeinde geleert, von einem Mann mit Schirmmütze und Schnurrbart.

In der Küche stand links neben der Außentür eine Anrichte aus Granit mit einem Wasserhahn, an dem ein kleiner dunkelroter Gummischlauch hing – ein Wasserhahnventil. Meine Mutter schnippelte auf dieser Anrichte das Gemüse, schmierte Butterbrote, und wir wuschen uns dort in einer Schüssel. Die Anrichte hatte zwei Küchenschränkchen. In denen standen Töpfe, Pfannen, Flaschen und drei Eimer. Zwei Allzweckeimer aus Emaille und ein galvanisierter weißer. Der war für geheime Frauenangelegenheiten bestimmt.

Ich schaue im Zug meine Frau an, weil ich an ihr Patenkind, die Tochter ihres Bruders, denken muss, die wir letzten Dezember im Alter von zehn Jahren durch Krebs verloren hatten. Man sieht es ihr an. Ein Kummer, den es vorher nicht gab, färbt nun ihren Blick. Mir fallen ein paar Zeilen aus dem Comic von Zidron und Aimé de Jongh *Blüten im Herbst* ein: »Du bringst kein Kind zur Welt, singst keine Schlaflieder, setzt kein Kleinkind auf die Schaukel, bringst ihm nicht das Zähneputzen bei, höflich zu sein, mit zwei Wörtern zu sprechen, um es dann sterben zu sehen.«

Der Zug donnert in einen Tunnel. Ich blättere eine Seite um. Warte in dem rasenden Dunkel und lese kurz darauf im Tageslicht weiter.

Schräg gegenüber der Anrichte stand der Gasherd und ein Tisch, an dem man zu zweit sitzen konnte. Wir nannten das die Vereinten Nationen. Ging die Küchentür zu, dann wurde über uns geredet – uns, das waren meine beiden Schwestern und ich, der Mittlere. In der Küche gab es auch noch einen schmalen hohen Schrank mit einer Glastür, hinter der Tässchen, Schüsselchen, Milchkännchen, Gläser, Gläschen, kleine Karaffen und andere solche Dinge standen. Hinter der Küche war ein Holzschuppen, für den musste man nach draußen. In dem Schuppen gab es einen dunklen Kohlenverschlag, da ging ich lieber nicht rein, da standen Besen, Schaufeln, Harken, Hacken. Die Angelruten meines Vaters. Es gab eine Werkbank, auf der Geräte lagen, und Marmeladengläser gefüllt mit Nägeln, Schrauben, Bolzen, Muttern, Maden und Würmern. In dem Schuppen wohnten auch graue Mäuse und dicke, braune Ratten, die all das, was die Menschen können, genauso gut können. Die Gehirne einiger Mäuse sind im Verhältnis zu ihrem Körpergewicht fünfmal so groß wie unsere Gehirne. Sind wir klug genug, um zu wissen, wie klug Tiere sind?

Ganz hinten im Schuppen wohnte auch eine Hexe, eine kleine zwar, aber immerhin. Sie war ein Koboldweibchen das es liebte, Kinderaugen zu schmausen.

Schlaf daher mit geschlossenen Augen und schau öfter in dich hinein, sagte mein Vater, man kann nie wissen.

Im Ofenzimmer stand ein Tisch, an dem man mit sieben Personen sitzen konnte, Vater, Mutter, Opa, Oma, meine beiden Schwestern und ich. Über dem Tisch hing eine Schale aus Milchglas mit einer Glühbirne. Durch das Glas konnte man Motten und Fliegen gegen das Licht kämpfen sehen, manchmal stundenlang. Meistens gewann das Licht, der Kampf blieb spannend. An jedem ersten Sonntag des Monats kamen Opa und Oma zu uns zum Essen. Dann las Opa, der spätere Philippe de Bourbon, Herzog von Orléans, aus der in den Niederlanden berühmten Staatenbibel vor. Er gehörte der Pfingstgemeinde an und war ein professioneller Bußgänger. Höre noch, wie meine Mutter ihn anfuhr, als es wieder mal um Hölle und Verdammnis ging: »Mach mal halblang!« Ich hörte sie später, nicht für unsere Ohren bestimmt, sagen: »Jesus, Jan, dein Vater ist ja christlich hysterisch!« Nach dem Essen wurde andauernd über den Krieg geredet und danach über den Krieg.

Opa und Oma wohnten schräg gegenüber. Am ersten Weihnachtstag gingen wir zu ihnen zum Essen, am zweiten Weihnachtstag kamen sie zu uns, und dann erzählte Opa, dass Joseph und Maria, die Jesus trug, der die Welt trug, alle Herbergen aufsuchten und es nirgendwo Platz gab. Ganz schön hartherzig von den Herbergsvätern, na ja, man muss berücksichtigen, es geschah vor zweitausend Jahren. So etwas kommt heute doch nicht mehr vor. Und dann fingen wir an zu essen, denn dann durfte man das. Wir aßen einen Braten, der nichts anderes war als das verschwundene Kaninchen, das sich jedes Jahr wegen Weihnachten in einen Truthahn verwandelte. Danach sangen wir Lieder von einem kleinen Kind im Stroh, das Jesus Christus hieß. Den Namen hörte man den Rest des Jahres nur noch, wenn sich der Vater mit einem Hammer auf die Fingernägel schlug.

Neben dem großen Tisch stand ein runder schwarzer Ofen auf vier kleinen krummen Beinen mit kaputten Glimmerscheiben. Wenn man durch die Wimpern blinzelte, sah er aus wie ein großer schwarzer Käfer mit einer Brille. In seinem Bauch loderten riesige Flammen aus der Hölle. Ein schwarzer Kohleneimer und ein praktischer Ofenaufsatz, auf dem man Töpfe und Bügeleisen erhitzen konnte. Neben dem Kamin lehnte an der einen Seite ein Schachbrett, auf der anderen Seite standen in der Ecke ein kleiner Tisch und auf ihm das Radio mit dem geheimnisvollen gelben Auge. Ein Auge, das das ganze Geräusch der Welt sah und es hören lassen konnte. Alle Städte der Reihe nach. Darunter lag auf einem kleinen Brett die Staatenbibel, die mein Vater später von seinem Vater kriegen würde, und die ich in einem Anfall realistischer Erkenntnis meinem ältesten Sohn weitergegeben habe. Das dicke Buch liegt jetzt bei ihm in Amsterdam im Wohnzimmer auf einem Klapptisch von Ikea. Wenn ich es da liegen sehe, dann verschwimmen die

Menschen, die mit mir im Zimmer sind, durch einen Schwall an Erinnerungen.

An der Wand neben den Gartentüren hing ein Gemälde vom Rotterdamer Hafen, gemalt von unserem Onkel Loos, einem Drogisten in Hilversum. Für meinen Vater war er der Erfinder der Zigarren, weil sie ihm wie bei Winston Churchill aus dem Mund wuchsen. Direkt unter dem Bild sah man auf der Tapete einen Fettfleck, der von einer Frikadelle stammte, die mein Vater einmal in Richtung meiner Mutter warf, als die beiden sich über das Bargeld in Papas Lohntüte stritten und sich keine Zeit nahmen, darüber zu diskutieren. Mein Vater war Schriftsetzer-Typograf bei der Tageszeitung *Het Parool* in Utrecht. Jeden Freitag bekam er eine Lohntüte mit einer Kleinigkeit. Das Kleingeld war für ihn, meine Mutter beanspruchte die Scheine für die, die an die Haustür kamen:

Der Bäcker, der Metzger (Aashändler), der Betrunkene, der Kohlenmann, der Milchmann und der Gemüsebauer, der Scherenschleifer, der Lumpenhändler, die Zeugen Jehovas, der Spendensammler, der Orgelmann mit seiner praktischen kupfernen Münzendose, die Schalen der Milchflaschenabholer, um den Durst in Afrika zu löschen, Gas- und Stromzähler-Ableser, Untermieter auf Zimmersuche, Bettler, Hausierer, hochschwangere Frauen, Straßenmusikanten und Zigeuner.

»Frau van Veen, wollen sie kaufen Geige? Prächtige Geige. Fast so gut wie eine Stradivari. Vielleicht für den jungen Mann, der beim Gehen immer pfeift? Wollen Sie keine Geige? Frau van Veen, ich kann auch lesen, ich kann Ihnen aus der Hand die Zukunft lesen. Geben Sie mir Ihre Hand, nur zu ...« »Wenn ich sie wiederkriege, okay.« »Ach, Frau van Veen, ich lese in Ihrer Hand, Sie werden kaufen, in der Zukunft, Geige.«

Straßenbahngebimmel, Kindergeschrei, Klavierspiel, Eimergerassel, Hundegebell, Hufgetrappel, das Pfeifen eines Zuges, das Gurren der Tauben. Das chronische Fluchen des betrunkenen Nachbarn.

Im Vorzimmer, dem kalten, schönen Zimmer, stand ein mannshoher Bücherschrank mit Büchern, die nicht für Kinderaugen bestimmt waren. Diese Bücher las ich, wenn mein Vater bei der Arbeit und meine Mutter in der Stadt waren. Nabokovs *Lolita*, *Die Liebe von Bob und Daphne* von Han B. Aalberse, *Lady Chatterley und ihre Liebhaber* von D. H. Lawrence. Dort standen auch große, glitzernde und glänzende Bücher mit Fotos von Kunst und Architektur und Fotos von nackten Frauen.

An einem stillen Sonntagmittag fand ich hinter den Büchern eins über den Zweiten Weltkrieg und sah zum ersten Mal Fotos von marschierenden Soldaten, jubelnden Menschenmengen, Schlachten, zerstörten Städten, Bombern, gefallenen Soldaten, Flüchtlingen, hungernden Menschen, Konzentrationslagern, Leichenbergen, Männern und Frauen in Uniformen im Alter meiner Eltern, die ausgemergelte tote Menschen in Lastwagen oder Gruben kippten, Kleiderhaufen, Brillen. Ein Foto von einem dreizehn Jahre alten deutschen Soldaten, einem Knirps, zwei Jahre älter als ich. Was hatten seine Augen gesehen? Was hatte er getan? Mit jeder Seite, die ich umblätterte, veränderte sich etwas in meinem Wesen. Eine unbekannte Angst, Trauer. Das war's also. Das können große Menschen auch. Das war's, weshalb die Stimmen meiner Eltern leiser wurden, wenn sie über den Krieg redeten, das Gesicht meines Vaters verbissene Züge bekam, die Augen meiner Mutter nach innen zu schauen schienen, wir manchmal ohne Erklärung ins Bett gehen mussten. Das Buch mit den abscheulichen Fotos sorgte bei mir für Albträume. Könnte der Krieg wiederkommen? Utrechts große Prachtallee heißt Malibaan, und Deutschland war von unserer Kievitdwarstraat nur hundert Maliebaanen entfernt. Ich fühlte mich infiziert. Meine Augen waren nicht mehr dieselben. Hätte ich die Fotos bloß nie gesehen. Ich konnte mit niemandem darüber reden, denn ich hatte sie ja nicht sehen dürfen. Es war meine eigene Schuld.

Ich mied den Bücherschrank wie die Pest, denn wenn ich an das Buch dachte, geriet ich in Panik, kriegte ich Angst. Bis ich eines Tages etwas herausfand, etwas sehr Kluges und Kleines. Wenn ich ängstlich wurde, dann reiste ich in Gedanken einfach in eine andere Dimension, dann dachte ich mich klein. Nicht so winzig wie ein Floh, eher wie eine Wespe. So groß wie ein Floh wäre übrigens praktisch gewesen, denn Flöhe können um ein Hundertfaches ihrer eigenen Größe hochspringen. Ich musste, so klein ich auch war, mühsam an den Gardinen im Schlafzimmer meiner Eltern hochklettern. Über den Gardinen war ein kleines Loch in der Decke, wenn ich da durchkroch, kam ich in meine Zwischenwelt, mein eigenes Reich, zwischen dem Boden und der Zimmerdecke. Da wohnten drei kleine Freunde, die Hausfliege Harry, die Wanze Willem und die Ameise Mischa. Sie fanden es immer toll, wenn ich vorbeikam. Wir konnten »Mensch ärgere Dich nicht« spielen, und ich vergaß, dass ich ängstlich war, vergaß die Fotos in dem Buch. Lang lebe die Fantasie. Und bei »Ich sehe was, was du nicht siehst« ließen sie mich immer gewinnen.

Eine Stimme sagt in drei Sprachen, dass wir in Antwerpen sind. Die Online-Familie steigt aus. Auf ihre Plätze setzen sich jetzt vier Männer, große Kerle, Hände wie Kohlenschaufeln. Sind es Leute vom Bau? Arbeiten sie auf einer Ölplattform? Sind es Seemänner? Sie setzen sich hin, und schon werden Spielkarten verteilt. Sie spielen ein Spiel, das ich nicht kenne. Die Verlierer zahlen dem Gewinner einer Runde zehn Euro. Ich bekomme einen Schnellzugkurs in »Flämische Schimpfwörter und Redensarten«. Die Flamen fluchen auf Flämisch. Ich denke dabei an ein Lied mit der Zeile »denn die Sprache ist so zart«. »Okay, neue Karten, noch eine Runde.«

Der Zug fährt weiter. Ich schlafe ein und rufe im Schlaf meine tote Mutter an, denn ich bin krank, und dann fehlt sie mir besonders. »Ma, ich hab eine schlimme Grippe. Könnt ihr vorbeikommen? Die Pferde müssen fressen, die Hunde müssen raus, der Geschirrspüler ist nicht geleert, ich hatte versprochen zu bügeln, die Betten sind nicht gemacht. Habe auch noch versprochen, ein Buch über das Altwerden und Nicht-mehr-viel-Zeit-Haben zu schreiben, ihr kennt das ja, Deadline und so. Nein, die ist nicht da, sie ist in Frankreich, um da was zu erledigen. Ich bin allein.«

»Liebling, wir kommen.«

Ich ging zu dem kleinen Platz in unserem Garten hinter dem Haus und schrieb mit Straßenmalkreide auf die Gartenfliesen.

Im Schlafzimmer meiner Eltern stand ein immer frisch mit Möbelwachs polierter Wäscheschrank. Darin versteckten meine Eltern kleine Geheimnisse vor uns, mit der Absicht, dass wir sie fanden. Ein hauchdünnes Büchlein zum Beispiel, in dem stand, wie das ging, bumsen und so. Wenn du dich fortpflanzen willst, dann musst du dir jemanden suchen, der das dir fehlende Geschlechtsteil hat und es dir kurz mal leihen will.

Neben dem Schlafzimmer war ein Alkoven, da schlief ich in einem hohen eisernen Bett. Vor dem Einschlafen dachte ich mir im Dunkel der Dämmerung Abenteuer aus. Wenn die zu unheimlich wurden, floh ich in den Schlaf.

Über dem Wohnzimmer war das Schlafzimmer meiner Schwestern, da hatte ich nichts zu suchen, das war Mädchenland.

Als ich alle Gartenfliesen vollgeschrieben hatte, schrieb ich weiter auf die Pflanzen und auf den Bast des Fliederbuschs.

Der Speicher war still und leer. Es gab nur noch ein paar wenige Balken, die das Dach vorm Einsturz bewahrten. Das ganze Holz war im Krieg für den Ofen entfernt worden. Da standen ein paar Koffer. In einem war der Soldatenkram meines Vaters: Kästchen, grüne Hose, Koppel, Helm, Oberhemd, Krawatte, Socken, Bajonett. Ein Armband mit der Aufschrift: INLÄNDISCHE STREITKRÄFTE.

Wenn es im Winter fror, hatten die Kellerfenster als erste Eisblumen. Manchmal war es so kalt, dass man sie wachsen sehen konnte.

Ich schrieb weiter in den Himmel, zwischen den Wolken ist noch Platz.

Wir hatten manchmal einen Mond über unserem Haus. Einen Mond, der, wie unser Nachbar meinte, auf unser Dach fallen könnte. Das wäre bei ihm auch einmal passiert, mitten in sein oberes Zimmer. Sein ganzes Haus musste wiederaufgebaut werden.

Es gab eine Rinne, vollgekackt von Tauben, Möwen, Krähen, Spatzen und Kiebitzen. Manchmal zogen Wolken vorbei, oft in der Farbe von Dreck, aus denen chronisch Sprühregen nieselte.

Die Malkreide ist aufgebraucht. Es gibt keine Pflanzen mehr, die nicht beschrieben sind. Und auch der Himmel zwischen den Wolken ist voll.

Als ich am nächsten Morgen auf der Bank im Ofenzimmer erwachte, war das ganze Haus wieder in Schuss. Der Geschirrspüler ausgeräumt, das Service im Schrank, alle Henkel der Tassen an derselben Seite, die Wäsche gewaschen und gebügelt. Alles fein säuberlich geordnet, Laken auf Laken, Waschlappen auf Waschlappen, Oberhemden, Hosen aufgehängt. Meine Mutter hatte die Fenster geputzt, die Böden gewischt. Mein Vater um das Haus das Gras gemäht, die Weißdornhecken geschnitten, die Beete geharkt. Die Hunde fand ich fröhlich wedelnd in ihrem Zwinger, die Pferde grasten ruhig auf der Weide. Auf der Kochplatte in der Küche stand ein Töpfchen mit Hühnersuppe. Ich denke jetzt an eine Bemerkung meines Hausarztes: Wenn man Grippe hat, sind Hühnersüppchen hervorragend, ein solches Süppchen enthält viele Antibiotika. Auf der Anrichte lag ein Brief: »Nicht höher als auf Stufe drei aufwärmen, wir haben dich schlafen lassen.«

In meinem Büro fand ich das Buch mit Geschichten vom Älterwerden, das ich noch schreiben muss, zweihundert Seiten, fix und fertig, auf einer Remington getippt. Geschrieben von Pa und Ma, besser, als ich mich jemals hätte erinnern können.

Ich fühle eine Hand auf meinem Knie. »Liebling, wir sind in Amsterdam.« Ich sehe meine Frau mit schläfrigen Augen an und denke: »Schatz, da bist du wieder.« Johann Sebastian Bach kam nach einer langen Reise nach Hause und erfuhr, dass seine Frau während seiner Abwesenheit gestorben war und schon begraben wurde.

Es gehört dazu
dass alles zusammenstürzt
dass alle Reime
wie Haare auf Schultern
aus Gedichten fallen

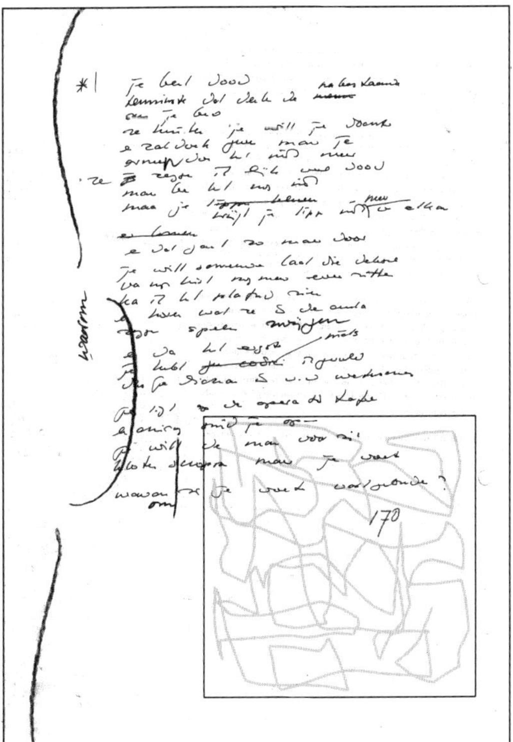
170

Kahl

»Erfahrung ist die Kenntnis vom üblichen Gang der Dinge, erlangt durch Beobachtung von bestimmten Prozessen oder Zuständen oder der Teilhabe an ihnen. Der Begriff ist fast synonym mit ›Einsicht‹, ›Know-how‹ und ›Wissen‹. Eine Person mit einer beträchtlichen Erfahrung auf einem bestimmten Gebiet wird ›Experte‹ genannt und seine Erfahrung ›Expertise‹.«

So gesehen, könnte man sagen, ich bin ein Experte in Kahlheit.

»Zählen Sie erst mal bis drei, bevor Sie den Hausarzt anrufen«, stand heute Morgen in der Zeitung. Die Wartezimmer in den Niederlanden werden immer voller. Dagegen können weder die Hausärzte noch die Patienten etwas tun.

Nachdem ich bis drei gezählt habe, rufe ich die Arztpraxis an. Nach zwölf Wartenden vor mir fragt eine freundliche Stimme, um welche Beschwerden es sich handelt. »Meine Backenzähne tun weh, wenn ich Pipi mache. Ich glaub, ich habe eine Blasenentzündung.« »Kommen Sie morgen früh kurz mit einer Urinprobe vorbei. Haben Sie ein Gläschen? Falls nicht, kommen Sie morgen ganz früh und lassen den ersten Morgenurin bei uns ab.«

Was kann der Doktor eigentlich im Pipi sehen? Bei uns zu Hause nannte man die Ärzte übrigens früher auch *Pissekucker.* »In deinem Urin sind manchmal Dinge, die da eigentlich nicht reingehören«, finde ich im Internet in einem Artikel von einem Coen van der Kroon: »Zucker, Eiweiß, Bakterien, Stoffwechselprodukte, Schwangerschaftshormone. Das macht Urin auch heutzutage zu mehr als einer Flüssigkeit, die wir einige Male am Tag unbedingt loswerden wollen.«

Und weiter: »Die meisten von uns scheinen nicht zu wissen, dass es heilsam sein kann, wenn man seinen Morgenurin trinkt. Sie vergessen, dass sie es alle neun Monate lang getan haben, als sie im Bauch ihrer Mutter schwammen. Jedes Baby treibt vor seiner Geburt in einem Zeug herum, das zum größten Teil aus seinem eigenen Urin besteht, im Fruchtwasser, dem Wasser, durch das wir wachsen. Wir trinken es und pinkeln es wieder raus. Und eines Tages wird das eklig genannt, und wir tun es nicht mehr.« So weit der Urinexperte Coen. Ich kenne einen, der jeden Tag damit beginnt, ein Glas mit seinem selbstproduzierten Morgenurin zu trinken. Wenn ich das manchmal erzähle, denken die Leute, das sei ein Witz. »Mensch, Pipi kann doch nicht gesund sein!« »Ich glaube nicht, dass man damit Krankheiten heilen kann.« »Jetzt, da Sie das sagen, fällt mir ein, unser Koos versuchte mal, mit seinem Urin eine Warze auf seiner Zehe loszuwerden.« »Und?« »Komplett weggepinkelt.« Urin ist Coen und meinem Nachbarn zufolge nicht eklig, und nicht nur das, wir können es ruhig trinken und unsere Haut damit einreiben und auf diese Weise allerlei Wehwehchen verhüten. Wenn Not am Mann ist, kenne ich also ein strahlendes Heilmittel.

Ich sehe was, was du nicht siehst, und das ist gelb.

Am nächsten Morgen sitze ich im Wartezimmer der Hausarztpraxis De Bundeling und warte auf das Ergebnis meiner morgendlichen Leistung. Auf einem handgeschriebenen Brief an der Wand lese ich, dass Doktor de Bruin heute nicht da ist und seine Patienten von Frau Aalbersen übernommen werden. Die Pflanzen im Wartezimmer sind frisch und fruchtig. Ich denke an das, was meine Mutter einmal sagte: »Herman, wenn die Pflanzen im Wartezimmer des Hausarztes tot sind, dann such dir einen anderen Hausarzt.« Auf dem niedrigen Tisch vor mir liegen neben der Zeitschrift des niederländischen Automobilclubs, *Landlust,* diverse Klatschblätter für Damen und Hochglanzmagazine. (Gibt es eigentlich auch Klatschblätter für Herren? Mir fällt keins ein.) Auf der Titelseite der obersten Zeitschrift des Stapels sehe ich eine renovierte Dame von kaum vierzig Jahren. Lese einen Artikel über eine gewisse Lia. Sie ist eine berühmte Videobloggerin. Sie hat sich, wie sie selber sagt, erfolgreich die Lippen aufspritzen, den Brustkorb verkleinern, das Fett aus den Schenkeln absaugen und sich die Backenzähne ziehen lassen, was ihrer Optik schöne eingefallene Wangen verlieh. Sie hat sich auch die Brüste und die Pobacken aufpolstern lassen. »Plastische Chirurgie ist umgekehrte Heilkunst«, meint der Biologe Midas Dekkers. Man geht gesund zum Doktor und kommt als Patient zurück. Er fährt fort: »Böse Zungen behaupten, dass jeder, der wegen seines Äußeren unters Messer will, lieber zum Psychiater gehen sollte. Noch bösere Zungen finden, dass dieser Rat für ein sehr großes Vertrauen Psychiatern gegenüber spricht.«

Es warten sechs Patienten vor mir. Ein alter Mann, ich schätze ihn um die neunzig, ist ungefähr so kahl wie ich. Hinter ihm hängt, neben einem eingerahmten Poster mit weißen Löwen, ein Schaubild, auf dem steht, wie alt wir in den Niederlanden durchschnittlich werden. Frauen dreiundachtzig Komma eins Jahre, Männer neunundsiebzig Komma neun Jahre. Ich überprüfe das kurz im Internet. Tatsache, bin vorläufig noch nicht an der Reihe. Glück gehabt. Wie praktisch ist doch so ein Handy. Vor noch gar nicht so langer Zeit musste ich für eine solche Information auf eine lebensgefährliche Leiter steigen, um dicke Bände der Winkler-Prins-Enzyklopädie aus dem Bücherschrank zu holen. Ich erfahre außerdem, dass die Römer im Durchschnitt achtzehn Jahre alt wurden. Im siebzehnten Jahrhundert fünfundzwanzig. Damals war ein Sohn durchschnittlich vierzehn, wenn sein Vater starb. Ich war über fünfzig, als meiner dahinschied. In jenem Jahrhundert starben von hundert Kindern fünfundzwanzig im ersten Lebensjahr. Fünfundzwanzig von ihnen vor ihrem zwanzigsten. Fünfundzwanzig zwischen dem zwanzigsten und fünfundvierzigsten. Gerade mal zehn Menschen wurden sechzig. Ein Achtzigjähriger war eine seltene Ausnahme. Er galt als Orakel, als eine Sehenswürdigkeit. Und die Gemeinschaft, in der er lebte, trug ihn auf Händen. Im achtzehnten Jahrhundert, der Zeit der industriellen Revolution, des Sklavenhandels, des amerikanischen Unabhängigkeitskriegs, des Friedens von Utrecht, der Rinderpest und der Bockreiter-Banden, betrug die Lebenserwartung dreißig Jahre. Jahrhundertelang ist der durchschnittliche Anteil von Menschen über sechzig Jahren gleich geblieben. Das Älterwerden unserer Bevölkerung in Westeuropa begann erst mit dem Ende des achtzehnten Jahrhunderts.

Die Lebenserwartung ist in den Niederlanden von Region zu Region verschieden, lese ich in zu kleinen Buchstaben. Die etwas eigenwillige Statistik zeigt, dass die Bewohner der Gemeinde Rozendaal im Durchschnitt die längste Lebenserwartung haben, siebenundachtzig Komma vierzehn Jahre. In der Groninger Gemeinde Pekela wird man im Durchschnitt achtundsiebzig Komma sechzehn Jahre alt und steht damit am Ende der Liste. Die Untersuchung ergab, dass die mittlere Lebenserwartung der Menschen in reicheren Gemeinden höher ist. Der alte Mann neben mir kommt wahrscheinlich aus Rozendaal. Sollte ich mich trauen, ihn das zu fragen? Er hat durch seinen kahlen Kopf etwas vom Schelm Pierlala, dem weißen Clown, dem geistigen Bruder Till Eulenspiegels.

In unserer Familie war niemand kahl, weder väterlicher- noch mütterlicherseits. Tante Stien, eine Schwester meiner Mutter, ein bisschen, aber das kam vom Lockenwickeln, dabei hatte sie sich mit einem Lockeneisen so oft versengt, dass ihr Haar so dünn wie das einer neugeborenen Maus war. Der einzige kahle Mann in unserer Familie war mein Vater. Er litt nicht darunter. »Wo gedacht wird«, witzelte er, »wachsen keine Haare.«

Ungefähr zwischen meinem fünfundzwanzigsten und siebenundzwanzigsten Lebensjahr verschwand ohne Veranlassung ein großer Teil meiner Haare. An den Seiten und hinten konnte ich sie erhalten. Ich denke manchmal, dass alles begonnen hat, als ich den Stimmbruch bekam.

In der Regel bleibt einem nichts anderes übrig, als es mit dem römischen Kaiser Caesar zu halten, der, ob es passte oder nicht, einen Lorbeerkranz trug.

Hab alles versucht, um gegen den Haarverlust anzukämpfen. Alle möglichen obskuren Mittel angewandt. Mich massieren lassen von philippinischen Zauberhänden, mich besprüht mit verdünntem Urin von stark Behaarten, an eine Haartransplantation gedacht. Nichts half. Das Letzte, was ich ausprobiert habe, war Froschfett. Danach wurde ich noch schneller kahl. Es war für mich kein richtiges Problem, aber ich hätte lieber doch Haare gehabt, allein schon deswegen, weil Haare dämpfen, wenn man sich den Kopf stößt. Mein Kopf und der meines Vaters sind übersät mit kleinen Narben, verursacht von tief hängenden Weidenzweigen, zu spät bemerkten Balken, Kleiderhaken, Bücherbrettern, Dunstabzugshauben. Für meine Arbeit ist die Kahlheit durchaus von Nutzen. Verdanke ihr inzwischen manchen Witz und manche Geschichte auf der Bühne.

Bei echten Clowns wachsen die Haare nach innen, das ist ein Geheimnis. Ein guter Clown hat immer ein Geheimnis, kann etwas sehr gut und darf das nie zeigen.

Nebenbei: Während des Zweiten Weltkriegs taucht eine jüdische Familie bei einem deutschen Zirkus unter. Der Vater tritt maskiert und unerkennbar als Clown auf. Eines Abends betreten deutsche Soldaten die Manege und überreichen ihm einen Haftbefehl. Jemand hatte ihn verraten. Der Clown nimmt den Brief, öffnet ihn und fängt an zu weinen. Ein Mädchen im Publikum steht auf und ruft: »Clown! Clown! Warum musst du so weinen?« Der Clown antwortet: »Mädchen, ich kann nicht lesen.«

Ich spielte einmal eine Szene über einen Mann, der nicht in die Disko reinkam, weil er kahl war. »Für Kahlköpfige verboten« stand auf der Tür.

Es lebe der Humor. »Humor ist einer der vier Pfeiler des Universums, die anderen drei habe ich vergessen«, scherzt die Psychologin Madelijn Strick, ich hoffe, dass ich ihren Namen richtig schreibe. »Humor ist besiegter Trübsinn, nicht, wie einige Menschen denken, nur eine oberflächliche Ablenkung vom Ernst – sondern vor allem eine Zugangsstraße, ein Ausweg aus dem Ärger. Ein Lachen bricht deinen Kummer. Du siehst deinen Unsinn, deine eigene Traurigkeit. Jedes Grinsen, jedes Kichern kann dich erleichtern.« Das Publikum, der Hörer, der dich herumtoben sieht, kann durch deinen Vortrag sein eigenes Problem vergessen und sich auf die Schenkel klopfen.

Es sind noch fünf Wartende vor mir. Ein Junge, schätzungsweise achtzehn Jahre alt, mit einem auf den Arm tätowierten Skelett auf einer Harley Davidson. Eine Frau Mitte zwanzig und neben mir ein Ehepaar in den Vierzigern. Sie flüstern. Mir gegenüber ein Babyboomer in meinem Alter.

Je älter ich wurde, vor allem nach meinem sechzigsten Geburtstag, gab es an meinem Körper außer dem Haarausfall noch etliche Veränderungen. Kilos blieben haften, obwohl ich wirklich nicht wenig getan habe. Meine Taille wurde gemütlicher, mein Bauch schluckte mehr Platz in der Hose. An einigen Stellen tauchten und tauchen noch immer kleine Flecken, kleine Pickel, kleine Warzen und Undeutlichkeiten aus meiner Haut auf, während sich meine Haut, so wie Ihre, täglich erneuert. Ich renkte mir ohne Vorwarnung unregelmäßig die Knie aus. Ging zu Doktor Lips. »Da kann man wenig machen«, sagte er. »Sich mehr bewegen. Mit Spaziergängen die Gelenke schmieren. Nachbarn beim Umzug helfen. Auf der Bühne tanzen. Und vergessen Sie nicht, sich zwischen dem Singen vor allem gut auszuruhen.«

Ungefähr seit meinem fünfunddreißigsten Lebensjahr habe ich physische Defizite. Topathleten kennen das, warum nicht auch flotte Sänger? Man hört sich seltener zur Liebsten sagen: Sollen wir noch mal? In den frühen mittleren Jahren fingen auch meine Sinnesorgane an, sich zu verändern. Meine Augen hatten bei geringerem Licht Probleme, ganz Nahes scharf zu sehen. Menschen um die vierzig, das beweist auch der Patient, der neben mir sitzt, brauchen oft eine Lesebrille. »Papa, sag mal, darf ich mir kurz deine Brille ausleihen für den Beipackzettel?«

Der Siebzigjährige, der mir gegenübersitzt, redet wie ein Marktschreier. Offen hörbar ist er stocktaub. Allein schon der Gedanke sorgt bei mir für Albträume. Stell dir vor, dass du taub wirst, dass sich deine Fähigkeit, hohe Töne zu hören, verringert. Und dass du keine tiefen Töne mehr hören kannst. Dann kannst du kein Gespräch mehr führen, dann werden gutmütige Kerle zu Elefanten. Einige Ältere finden von einem auf den anderen Tag, dass Geigenmusik nicht mehr so schön klingt. Gott sei Dank finde ich auch mit dreiundsiebzig Jahren Geigenmusik noch immer prächtig. Ich kann sogar eine Schnecke vorbeikriechen hören. Vor einiger Zeit musste ich mich, um meinen Führerschein zu verlängern, einer Gesundheitsprüfung unterziehen. Ich hab bei der Gelegenheit gleich einen vollständigen Check machen lassen. Nach dem Hörtest fragte mich der Hals-Nasen-Ohren-Arzt allen Ernstes, ob es in meiner Familie Fledermäuse gab.

Bei den meisten Menschen wächst mit dem Älterwerden die Menge des Körperfetts um über dreißig Prozent. Auch die Verteilung des Fetts ändert sich, es wird weniger Fett unter der Haut gespeichert und mehr in deinem Bauch, wie ich in einem Online-Medizin-Handbuch erfahren habe.

Das Speichern des Fetts geschieht nachts. Dann kriechen durch die Fenster Fettarbeiter rein. Das sind Männchen mit schwarzen Stiefeln, kleiner als ein Stecknadelkopf, die sich durch die Haut zwängen und mit winzigen Käsehobeln überall Fett abschaben und es danach zu deinem Bauch schleppen. Mein Enkel glaubte es nicht, aber beim Anblick meines Bauchs begann er zu zweifeln. Deine Haut wird dünner und faltiger, vor allem, wenn du oft in einer zu kleinen Badehose in einem Entwicklungsland in der Sonne sitzt oder andauernd an einer Zigarre saugst.

Auch die Form deines Rumpfs verwandelt sich in einen Kleidersack. Viele Altersgenossen schrumpfen, als ob sie zu heiß gebadet hätten. Als ich zwanzig war, war ich einen Meter achtzig groß. Jetzt bin ich, wie man bei uns sagt, nackt am Haken einen Meter neunundsiebzig groß. In fünfzig Jahren einen Zentimeter durch das Alter eingelaufen. Das »Papa, du hast ja ein Bäuchlein« bekämpfe ich, indem ich im Fernsehen viel Sport sehe.

Es sind noch drei Wartende vor mir.

Es ist nicht überraschend, dass auch die meisten inneren Funktionen im Laufe der Zeit abnehmen. Diese Funktionen sind normalerweise kurz vor dem dreißigsten Lebensjahr optimal und nehmen dann langsam ab, wie das Licht einer untergehenden Sonne. Aber selbst während dieses schleichenden Verlusts bleiben die meisten Funktionen während des Rests deines Lebens einigermaßen erhalten, weil die meisten Organe über deutlich mehr Kapazität verfügen, als der Körper braucht. So bleibt, selbst wenn deine Leber zur Hälfte durch jungen Genever zerstört ist, mehr als genügend Lebergewebe übrig, um die normalen Funktionen in Stand zu halten. Ich darf nicht vergessen, eine Flasche ins Gefrierfach zu legen.

Wenn man älter wird, wird der Funktionsverlust eher durch eine dumme Grippe verursacht als durch den Alterungsprozess. Nichtsdestoweniger bekommen wir Älteren als Folge Probleme mit den Nebenwirkungen, die auf dem Beipackzettel der Medikamente verzeichnet sind und für die wir inzwischen eine Brille brauchen. Auch der langsam fortschreitende Klimawandel setzt uns zu, ebenso der leise Mörder Feinstaub oder andere Giftstoffe und der ganze Scheiß. Das alles meint Frau Eger auf Seite siebenundsiebzig. Obwohl die Blutmenge, die das Herz herumpumpt, im

Alter nicht nennenswert abnimmt, kann das Organ bei maximaler Anspannung nicht mehr so viel herumpumpen wie früher, als man noch mit dem Roller zur Schule rollerte.

Ich las neulich zufrieden in der Zeitung: »Van Veen lässt junge Musiker brillieren.« Es gibt immer mehr Momente in unserer Aufführung, in denen ich, auf einem Stuhl sitzend, meinen jüngeren Kollegen Raum zum Glänzen gebe.

»Durch einen inaktiven Lebensstil«, lese ich noch immer online auf dem Handy, »einseitige Ernährung, Zigaretten, Alkohol, Energiedrinks und Drogen können im Laufe der Zeit Organe beschädigt werden, oft schlimmer als durch das Älterwerden an sich. Bei Menschen, die sich zu viel Giftstoffen ausliefern, kann ein stärkerer oder schneller verlaufender Funktionsverlust bestimmter Organe auftreten, vor allem von Nieren, Lunge oder Leber. Menschen, die bei ihrer Arbeit großer Lautstärke ausgesetzt sind, z. B. Rocker, Bühnenarbeiter und Disjockeys, werden erheblich früher taub werden. Weniger essen und mit dem Rauchen aufhören verbessert, unabhängig vom Alter (sogar über achtzig), die Lungenfunktion erheblich und reduziert das Risiko von Lungenkrebs und Herzkrankheiten. Übungen, die den Bewegungsapparat belasten, sind in jedem Lebensalter sinnvoll, um die Muskeln stark zu halten und z. B. Stürze und Schwächung zu vermeiden.«

Beim letzten Wort, »vermeiden«, stutze ich. Man will, dass alles weitergeht, man will nicht krank werden, schon gar nicht sterben. Wie kann man das vermeiden? Worauf muss ich achten? Was liegt in der Familie?

Ich las vor Kurzem in der Zeitung einen Artikel über DNA-Tests und Ahnenforschung. Das lässt sich ganz einfach per Post erledigen. Nötig ist lediglich ein einfaches Wattestäbchen. Man tupft ein bisschen Speichel aus dem Mund, steckt es in einen Umschlag aus Plastik, schickt es ab, und einige Zeit später entdeckt man in einem Schreiben, dass man genetisch zu vierundzwanzig Prozent von nordamerikanischen Indianern abstammt.

Es sind noch zwei Wartende vor mir. Das flüsternde Ehepaar.

Betrifft: Erläuterung des DNA-Test-Resultats
Sehr geehrter Herr van Veen,
die DNA-Untersuchung wurde ausgeführt, um die Abstammung Ihrer Eltern zu ermitteln. Beigefügt ist der persönliche Bericht mit den Ergebnissen hinsichtlich Ihrer Abstammung. In dem Bericht sind exakte Prozentsätze mit vier Rassen verbunden.

Ich fühle ein Schaudern.

Sub-Sahara afrikanisch, ostasiatisch, europäisch und einheimisch amerikanisch. Um diese Resultate verstehen und möglichst gut interpretieren zu können, ist ein Handbuch beigefügt mit ausführlicher Information über Ahnenforschung, Genetik und weltweite Migration der menschlichen Rasse.

Wieder ein Schaudern.

Sowohl das persönliche Zertifikat als auch das Handbuch sind als Pdf-Datei beigefügt.

Sesam öffne dich. Auf dem Bildschirm meines Computers lese ich, dass ich zu sechsundsiebzig Prozent ein Europäer bin und zu vierundzwanzig Prozent ein indigener Amerikaner. Außerdem stand im Bericht, ich stamme wahrscheinlich von den Navajo-Indianern ab.

»Einheimische Indianer zogen einst in drei großen Migrationswellen aus Zentralasien in die Neue Welt und breiteten sich im Laufe vieler Tausend Jahre aus: Sie kamen über die Bering-Landbrücke und wanderten die gesamte Westküste des amerikanischen Kontinents entlang – bis nach Patagonien, dem südlichsten Punkt von Südamerika.«

Navajos leben in Wüstengebieten der Vereinigten Staaten, viele von ihnen in Navajo Nation, einem Gebiet zwischen Utah, Arizona und New Mexiko. Auf geht's nach Navajo Nation. Ich will meinem Stammvater ein paar Fragen stellen. Ich googele nach dem Best Western Canyon de Celly Hotel im Herzen von Navajoland, sechs Kilometer westlich des Chelly National Monuments. Muss dafür mit dem Flugzeug nach Arizona, Phoenix Sky Harbour International Airport. In Anbetracht meiner europäischen Verpflichtungen mache ich diese Reise in Gedanken. Ich miete mir einen zu großen minzefarbenen Oldtimer mit Chauffeur, auf seinem Revers steht JAMES DEAN. Lasse mich nach Navajo Nation zu einem kleinen Acker fahren. Erkläre da, wer ich bin, woher ich komme und warum. Eine Frau nimmt mich mit zu dem Stammesältesten, er ist der Sänger. Durch sein Alter, Wissen und seine Sangeskunst der reichste und mächtigste. Wir reden bis zum nächsten Morgen, singen, essen, tanzen. Ich fühle mich zu Hause, umgeben von weisen Müttern, verblüffend schönen Frauen und auffallend vielen kahlen Männern.

»Herr van Veen? Herr van Veen? Doktor Aalberse hat einen Notfall, sie bat mich, Ihnen zu sagen, dass Sie tatsächlich eine Blasenentzündung haben. Sie hat ein Rezept für ein Gegenmittel geschrieben, das können Sie beim Apotheker abholen. Wenn Ihnen das Mittel geholfen hat, kommen Sie bitte am Tag danach bei uns mit einer Urinprobe vorbei.

Haben Sie ein Gläschen? Falls nicht, kommen Sie morgens ganz früh und lassen den ersten Morgenurin bei uns ab.«

Ich fahre zur Apotheke.

Dort sind vier Wartende vor mir. Ich lese beim Warten in einer Nachrichten-App: »Ein Medikament gegen das Altern ist wieder einen Schritt näher gekommen. Rotterdamer Forscher haben es geschafft, die Last der Jahre ein bisschen zu erleichtern. Nach Verabreichung eines neu entwickelten Mittels kriegen schnell gealterte Mäuse wieder volles Haar.« Mein Herz beginnt schneller zu schlagen. »Und gesündere Nieren.« Mein Genever im Gefrierfach ruft mich. »Und den Mäusen machte es auf einmal wieder Spaß, in ihrer Tretmühle zu laufen.«

In den letzten Jahren haben Wissenschaftler immer mehr Stoffe getestet, die den Alterungsprozess bremsen sollen. Mittel, die das Altern verzögern, indem sie Zellen in eine Art Instandhaltungsmodus bringen. Im Labor sorgt das dafür, dass manchmal Mäuse, umgerechnet in Menschenjahre, hundertdreißig oder hundertvierzig werden. Laut dem führenden Wissenschaftler Peter de Keizer hat man in den Vereinigten Staaten schon mit ersten vorsichtigen Versuchen an menschlichen Senioren begonnen.

Der Biologe Charles Darwin schrieb einmal: »Es ist nicht die stärkste aller Arten, die überlebt, es ist auch nicht die intelligenteste, es ist diejenige, die am ehesten bereit ist, sich zu verändern.«

Würden Steine
träumen können,
dann, denk ich,
träumten sie von Sand

wie jeder Tropfen
von der See

und Menschen
von später

Ein Stein hat alle Zeit der Welt
und das Wasser auch

Ein Mensch hat nur einen Augenblick
und manchmal nicht mal den

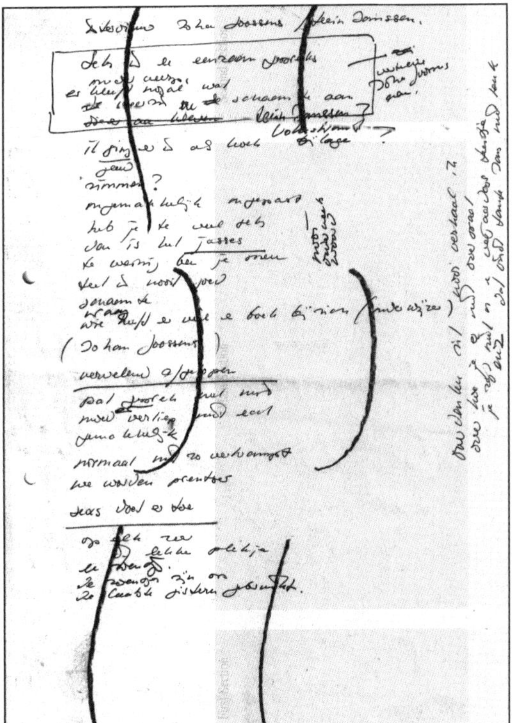

Ein bisschen Blut

Ich stehe in einem fahlen Sonnenlicht, harke das Blumenbeet und sehe aus dem Augenwinkel, dass eine Prunus spinosa, das ist der vornehme Name für Schlehdorn, in voller Blüte steht. Kleine sternförmige weiße Blüten bewegen sich im schwachen Sonnenlicht. Die Blumen erinnern mich immer an etwas. Verschwinden die weißen Blütenblätter – sie werden meistens von Raupen kahl gefressen –, dann hat meine Tochter Geburtstag. Mehr noch als der Geburtstagskalender an der Innenseite unserer Klotür erinnern mich Blüten an diese Tage. Hatte meine Mutter Geburtstag, dann blühte der Flieder, dann standen immer duftende Narzissen auf dem Küchentisch, die mein Vater auf dem Blumenmarkt gekauft hatte. Sind die Erdbeeren reif, dann hatte mein Vater und hat meine Tochter Geburtstag. Kommen die ersten Kätzchen an die Zweige, dann muss ich überlegen, was ich für meinen ältesten Sohn kaufen soll. Stehen die Magnolien in Blüte, dann bin ich an der Reihe. In unserem Garten und im Wald um unser Büro gibt es meterhohe Magnolien. Sie sind winterfest und stehen auch im April und Mai in Blüte. Sie tragen dann große violette, meiner Empfindung nach ruhige Blüten. Wenn ich aus meinem Auto diese Trafficstoppers sehe – so werden Magnolien in England treffend genannt –, dann denke ich: So habe ich auch im April, Mai und Juni noch ein bisschen Geburtstag. Das Geheimnis: ihr Duft.

Gehirne haben, wie frisch geborene Vögelchen, immer Hunger, vor allem die jüngeren. Sie wollen angeregt werden und haben dabei eine ausgesprochene Vorliebe für etwas, das neu ist. Bücher zum Beispiel. Sie versorgen einen nicht nur mit Wissen, sondern auch mit Neugierde. Sie regen die Fantasie an. Viel von dem, was man liest, wird direkt in unseren Gehirnen in Bild oder Ton umgesetzt. Denk an die See, du siehst ihre Farben, du kannst sie beinahe fühlen. Oder bekommst Appetit auf etwas Salziges. Denkt man an hohe Wellen, schäumendes Wasser, Donner, Blitz, Orkan, entstehen manchmal Emotionen wie Angst oder Stress. Was den Blitz betrifft, zur Beruhigung, er schlägt niemals zweimal an derselben Stelle ein. Kluge Köpfe haben durch Untersuchungen herausgefunden, dass beim Lesen über diese Dinge dieselben Gehirnfunktionen aktiviert werden wie dann, wenn diese Ereignisse wirklich stattfinden. Wenn du also liest, dass dein Held aus einem Flugzeug fällt, fällt er auch in deinem Gehirn, oder eher aus ihm heraus.

»Was möchten Sie trinken?«, fragte die Stewardess hoch über der Sahara. »Einen Tomatensaft.« Kurz danach klappt sie mein Flugzeugtischchen heraus und stellt ein Glas hin. »Pfeffer oder Salz?« »Beides bitte.« Ich schaue, an die oben stehenden Wörter denkend, auf die mehr oder weniger rote Flüssigkeit in meinem Glas.

Aus allen Frauen kommt
wie Ebbe und Flut
wie Herbst und Frühling
manchmal ein bisschen Blut.

Ich schrieb einmal ein Lied, das ich »Sarah« nannte, benannt nach einem seltsamen Mädchen, das in unserer Straße wohnte. Sie saß zwar schon mal bei uns auf dem Bürgersteig oder ging mit uns schaukeln, aber in Gedanken schien sie immer in einer vor uns verschlossenen Welt zu sein. Man konnte sie kaum erreichen. Manchmal öffnete sie ein kleines Fenster zu dieser Welt, indem sie sagte:

»Schau mal. Findest du nicht, dass dieses Muttermal aussieht wie ein kleines Känguru?« Sie hatte eine Fantasie, die sie von der Welt der Straße, auf der wir spielten, abschnitt. Wenn Sarah nicht still war, sang sie, seltsame Worte auf wunderliche Weisen. »Wo bist du? Was siehst du, das ich nicht sehe? Was hörst du, das ich nicht höre?«, dachte ich manchmal.

Sarah traute sich viel mehr als wir, sie ging als Erste mit einem ernsten Gesicht über das dünne Eis des gerade zugefrorenen Ringwalls zu den dicken Mauern des Gefängnisses auf der anderen Seite. Sie sprang wie ein Kerl mit einem Sprungstab über eine Gracht, kletterte einen Baum hoch und rief, dass sie den Himmel berühren konnte. Ich bewunderte sie und hatte auch ein bisschen Angst um die sonderbare Sarah.

Eines Tages stand sie bei uns vor der Tür mit einem Gesicht, bleich wie Glaserkitt. »Tante Hoeffie«, sagte sie zu meiner Mutter – der Nachname meiner Mutter war Verhoef –, »ich blute, aus meinem Bauch kommen Kirschen.« »Kirschen? Ach Gott, mein Kind, komm rein, ist deine Stiefmutter nicht zu Hause?« »Nein, sie ist beim Gemüsehändler.«

Mama nahm Sarah mit in die Küche. Ich durfte nicht mitkommen. »Herman, das ist eine Sache nur für Mädchen.« Ich stand im Flur und begriff nichts. In dem Moment, in dem ich weggehen wollte, ging die Tür wieder auf. »Junge, fragst du bitte mal Oma, ob sie noch Frauenmantel hat?« Ich rannte über die Straße, die Tür stand wie immer einen Spalt offen.

»Ist es für deine Schwester?«, fragte mich Oma. »Mein Glückwunsch.«

»Nein, Sarah blutet.«

»Sarah? Oh Sarah, ist sie heiratsfähig?«

Ich verstand es nicht.

Oma sah aus wie eine kleine Hexe mit einem kleinen Knoten im Haar. Sie war die Tochter eines Schiffers, kannte sich aus in der Welt der Küstengebiete. Zum Beispiel erzählte sie mir einmal, dass Kühe keine Butterblumen mögen. Was soll dann der Stacheldraht? Oma nahm mich mit in den Garten: »Ich zeig dir mal was.« Zwischen der Scheune und dem Hühnerstall standen ein paar gelbgrüne Kräuter. »Frauenmantel, Taukraut, Mariakraut, Himmelswasser«, murmelte Oma, »das ist ein Alchemistenkraut, das hilft bei Scheidenblutung oder Menstruation.« Jetzt weiß ich, dank der Akademie der Straßenwissenschaften, dass Kirschen das nicht mögen.

Die Stewardess, die mir, inzwischen ein paar tausend Kilometer weiter, eine Tasse grünen Tee einschenkt, heißt auch Sarah, alles ist Zufall. Ich denke, sie ist schwanger, werde sie das aber nicht fragen, diesen Fehler habe ich schon früher einmal gemacht. Starre durch das kleine Fenster nach draußen. Dort wohnt niemand. Wir beginnen mit dem Landeanflug, sollen unsere seatbelts fasten. Nachdem ich das getan habe, blättere ich ein bisschen im Buch *Liebes Tier*, geschrieben von meinem Lieblingsbiologen Midas Dekkers, ein Geburtstagsgeschenk. Ein witziges lehrreiches Buch über Bestialität.

»Leda war von außergewöhnlicher Schönheit, so schön, dass sogar Zeus, der Obergott der Griechen (der ›Wolkensammler‹) aus der Ilias, der Himmel und Erde erbeben lassen konnte, sie besitzen wollte. Als Schwan verkleidet suchte er, angeblich von einem Adler verfolgt, eine sichere

Zuflucht in ihrem Schoß. Sie schlug ihren Mantel um ihn und es begann eine der berühmtesten Paarungen der Erde.«

Da ist es wieder, das Wörtchen Mantel, denke ich und muss lächeln.

Laut Dekkers ist der Schwan der Stier unter den Vögeln. Mit einem schönen, großen griechischen Schwanz, so groß wie der Vogel. Großzügig ausgeführt, um jeden Wunsch zu erfüllen. Biologisch war dieser Liebesakt einer der merkwürdigsten unserer erfundenen Geschichte, denn obwohl die Mutter der Mensch war und nicht der Vogel, legte sie zwei Eier. Aus einem kam Helena, die der Anlass für den trojanischen Krieg sein würde. Aus dem anderen die Zwillinge Castor und Pollux, zweieiige, denke ich. Auch Gott, wie uns Matthäus lehrt, sank einmal wie Zeus aus seinem Himmelreich, allerdings als Taube, um Maria zu schwängern. Bestialität stand laut Dekkers an der Wiege des Christentums.

Das wäre ein schönes Gespräch gewesen. Mein christlich hysterischer Opa an einem Tisch im Café. Er mit einem Gläschen alten und Midas Dekkers mit einem Gläschen jungen Genever über das Christentum und Tiere plaudernd.

Auch Stewardess Sarah hat sich zur Landung – die Beine ordentlich nebeneinander – auf ihren Klappsitz gesetzt. Sie sieht ein bisschen aus wie Tante Jans. Tante Jans erzählte mir einmal beim Kaffeemachen, dass sie auch gern ein Mädchen gehabt hätte, aber das hatte nicht geklappt. Sie hatte zwar einen Sohn, einen netten, aber trotzdem ... Als ich anschließend nach Hause kam, fragte meine Mutter, die gerade die Küche sauber machte, wo ich gewesen war. »Zuerst auf dem Markt«, antwortete ich, »bin dann zu Tante

Jans gegangen, ich hab ihr beim Rollen der Fleischklößchen für die Gemüsesuppe geholfen und beim Kaffeemachen.« Ich erzählte Mama, dass Tante Jans auch am liebsten ein Mädchen gewollt hätte. Als ich Mama anschaute, hatte sie Tränen in den Augen.

Meine Mutter schimpfte einmal mit mir aus irgendeinem Grund und rief: »Junge, du kannst froh sein, dass es dich gibt.« Das verstand ich damals nicht. Aber jetzt weiß ich, dass ihre Mutter fünf Kinder verloren hat.

Berdina Maria Verhoeff:
7. September 1898 – 13. Dezember 1899

Clasina Johanna Verhoeff:
2. September 1899 – 11. Oktober 1899

Clasina Johanna Verhoeff:
16. September 1902 – 5. November 1902

Wilhelmus Johannes Verhoeff:
28. November 1904 – 8. August 1905

Hermanus Hendrik Verhoeff:
11. Dezember 1921 – 28. Dezember 1921

Mama verlor vor, bei oder nach der Geburt drei Kinder, deren Namen ich nicht kenne. Vielleicht war unter ihnen ein Brüderchen. Ein Kees oder Piet, ein Mannus oder ein Hannes.

Ich weiß noch, dass es eine Zeit gegeben hat, in der ich von meinen Schwestern nichts hielt und mir dann zur Geselligkeit ein Brüderchen erfunden habe, ohne zu wissen, dass ich schon eins hatte.

Mein Zwillingsbruder ist Linkshänder. Er kann mit flachen Händen und gestreckten Knien den Boden erreichen. Er braucht sich beim Sportunterricht nicht zu genieren. Beim Fußball wird er bei der Mannschaftsaufstellung immer als Erster gewählt und hat immer Tore geschossen. Ich bin Rechtsaußen und hab noch nie eins geschossen. Ich kann schneller laufen als er. Wenn er an der Reihe ist, kann er schneller schwimmen und viel länger unter Wasser bleiben als ich. Er traut sich beim Angeln einen Aal vom Haken zu nehmen, ich darf nicht daran denken. Aber ich bin beim Angeln geduldiger als er und sehe Tiere oder Vögel viel früher. Er ist stärker als ich, aber er muss schneller weinen. Ich beiße besser auf meine Unterlippe. Wenn wir nebeneinander Rad fahren, fährt er eine Radlänge vor mir. Er fährt immer an der Außenseite, ich an der Seite des Bürgersteigs. Freihändig fahren klappt bei mir besser. Ich kann auch wie Rennradfahrer ganz lange einen Stehversuch machen. Er kippt schon nach zwei Sekunden um. Witze kann er gut behalten. Er verkehrt mehr mit Jungen, ich finde Mädchen netter. Er weiß, was er später werden will. Ich habe keine Idee. Pilot, ist das, wovon er träumt. Er sammelt Modellbauflugzeuge und Comics von Buck Danny. Er glaubt nicht wie Opa an Gott, ich bin mir noch immer nicht im Klaren. Ich glaube auch nicht an Gott, weiß aber nicht, an wen sonst. Ich bin gut im Zeichnen, Geometrie, Biologie und Singen. Er kann sehr gut Algebra, Erdkunde und Sport. Wir schreiben voneinander ab. Roy Rogers ist sein Filmheld, ich schwärme für die Verlobte von Ben Hur. Er findet es nicht schlimm, nackt herumzulaufen, dafür habe ich kein Problem, in einem Raum voller Menschen etwas zu sagen. Manchmal denke ich, er ist alles, was ich nicht bin. Hans, der Bruder, den ich mir ausdachte. Er hat dieselben Augen wie mein Enkel.

Der hat seit einiger Zeit eine Freundin. An diesem Wochenende gehen sie zusammen irgendwohin, in ein Zimmer. Das hat sie mit ihm geplant. Es kommt zur Sprache bei einem unserer regelmäßigen Essen mit den Enkelkindern. Er hält nichts von dem Thema, könnten wir nicht über etwas anderes reden? Ich erzähle ihm, dass meine Mutter auch nicht darüber sprechen wollte, mit dem Ergebnis, dass meine Schwester, noch bevor sie ihren Pass bekam, von einem Volkstanzlehrer schwanger wurde. Eine Nachbarin erzählte einmal, dass der junge Mann, der die Tochter geschwängert hatte, zur Entschuldigung sagte: »Aber Frau van Veen, ich bin nur so ein Stückchen drin gewesen.«

Ich erzähle ihm, dass meine andere Schwester heiraten musste, weil ein Freund von mir, ein Altviolinist, auch nicht gedacht hatte, dass man so in Fahrt geraten könnte. Mit dem Ergebnis, dass ich einen solchen Schrecken von dem ganzen Babybohei bekam, dass ich erst in der Hochzeitsnacht mit der Großmutter herumgemacht habe, die jetzt neben meinem Enkel sitzt, ich war damals zweiundzwanzig. Ich habe von all dem eingehaltenen Sperma auch jetzt noch ab und zu Schmerzen in meinen Kiefern. Ich hielt nichts von Kondomen, in voller Fahrt stoppen, um einen kleinen Gummibeutel über den Pimmel zu rollen. Die Pille war in jenen Tagen noch ein Experiment, Spiralen sprangen raus, also knutschte man herum und kam unbeholfen in die Luft. Mein Enkel sieht mich an, wie ich meinen Vater ansah, als er über die Römer und ihr Treiben berichtete.

Der Ober fragt zu spät, ob wir eine Nachspeise wollen. An unserem Tisch ist es still, das Restaurant rumort. Meine Gedanken schweifen ab. Ich sehe meine Mutter die Treppe herunterkommen, nachdem ihre Tochter einen gesunden

Sohn zur Welt gebracht hatte. Sie ging in die Küche, machte die Tür hinter sich zu. Als ich kurz darauf vorsichtig nachschaute, ob sie nicht tot war, sah ich, dass sie am Küchentischchen saß und in ihren Kaffee weinte. Sie sah um Jahre gealtert aus.

»Was?« Ich schrecke aus meinen Gedanken auf. Höre meine Tochter sagen: »Er weiß noch nicht, was er werden will, irgendwas mit Film oder irgendwas mit Marketing.« Ich würde abends zu Hause für ihn ein kleines Gedicht schreiben.

Was wirst du später werden
hast du keine Idee
mach dir keinen Kopf
Wusste damals auch nicht
was ich werden würde
zweifelte zwischen
Schornsteinfeger oder Pilot
Fahrradmacher oder Matrose
und nun sieh was ich wurde
Es geschieht einfach
es ist Zufall
man verliebt sich in jemanden
der Lieder liebt
und bevor man sichs versieht
ist man ein Sänger
Es geschieht einfach
es ist Zufall
man verliebt sich in jemanden
der Veilchen liebt
und bevor man sichs versieht
ist man ein Gärtner
Wen wirst du einmal heiraten

hast du keine Idee
mach dir keinen Kopf
Ich wusste in deinem Alter auch nicht
wen ich heiraten sollte
schwankte zwischen meinem Vater
und meiner Mutter
oder unserer Nachbarin
Es geschieht einfach
es ist Zufall
man verliebt sich in jemanden
der gerne schmust
und bevor man sichs versieht
ist man Opa

Ich lese noch mal, was ich gerade geschrieben habe. Mach danach das Fenster auf und rieche die Bauernhortensien. Ich darf nicht vergessen, morgen meinem Zwillingsbruder ein Blümchen zu schicken.

Man denkt
tut
träumt

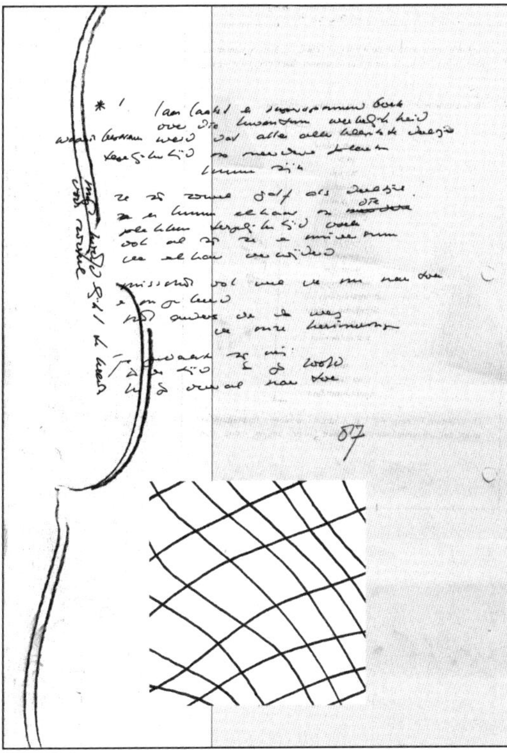

Ich ging, wo ich ging

Ich liege im Bett und höre das Carillon des Domturms, damals noch (in den Fünfzigerjahren) der höchste Turm der Niederlande. Kling, Glöckchen, klingelingeling. Der Mann, der auf dem Carillon spielt, heißt Herr Bos, Chris Bos, das weiß ich, weil er mit Frau Bos verheiratet ist, meiner Gesangslehrerin. Die aussieht wie Maria Schell. Sie hat vor allem genauso blaue Augen. Ich habe ein Foto von ihr in meinem Zimmer. Ich will später, wenn ich groß bin, alle beide heiraten. Und wenn das in einem Haus gesetzlich nicht möglich ist, dann in zwei Häusern. Dann habe ich alles doppelt. Zwei Ehebetten, zwei Esstische, zwei Radios. Zwei Fahrräder sind nicht nötig, ich kann zu beiden auf einem fahren. Aus den beiden Gärten mache ich einen großen, sodass wir keinen Zaun brauchen.

Als Kind war ich manchmal entsetzt und hatte sogar Angst bei der Vorstellung, dass ich mich eines Tages in einen großen Menschen verändern würde. Und hierbei dachte ich vor allem daran, wie ich mich fühlte, als ich das verdammte Buch über den Zweiten Weltkrieg fand und ich verstand, dass Menschen, große Menschen, Väter und Mütter, auch dazu in der Lage sind, Bomben auf Städte zu werfen, Menschen zu vergasen. Das wollte ich nicht werden, groß. Wie können gute, große Menschen in Himmelsnamen solch schlimme Dinge tun? Ich wollte klein bleiben.

Ich höre die Tauben an der Rinne gurren, döse ein. Der Traum kommt nicht nur im Schlaf. Ich träume den Traum auch tagsüber.

Ich konnte und kann weiterträumen, so wie man ein Buch bei einem Eselsohr auf Seite soundso weiterliest. Kann einen Traum von der vorigen Nacht wieder aufgreifen. Aber auf manche Träume hat man leider keinen Einfluss, die träumen selber. Die eigensinnigen Träume. Die Hinterlassenschaft vom Vortag, die wie Schatten in der Finsternis sind, man steckt darin fest.

Ich träume, dass ich hoch in den Bergen gehe, es ist Sommer, und unten im Tal sehe ich einen kleinen Bahnhof. Höre ich Glockenläuten? Es wartet ein Zug mit unendlich vielen Güterwaggons, vollgestopft mit Menschen.

Neben dem Bahnhof liegt ein Massengrab, voller totgeschossener Menschen, Menschen, die nicht mehr in den Zug passten. Deutsche Soldaten stampfen die Erde fest. Ein Zug mit einer Dampflokomotive zischt und pfeift. Ich klettere nach oben, vom Bahnhof weg, dahin, wo es noch schneit und still ist. Von hoch oben sehe ich, wie dunkle Tiefflieger dicht über dem Boden in den Dörfern ringsum Bomben fallen lassen. Das Unwetter und der Gasherd werden nach diesem Traum nie mehr dasselbe sein. Deutsche Soldaten marschieren ein und aus in meinen Träumen. Träume, die immer wieder, Monat für Monat, zurückkommen.

»Herman, steig ein«, sagte eine alte Frau, der ich, als ich schon Mitte dreißig war, von meinem Verfolgungstraum berichtete. »Wenn du wieder von dem Bahnhof träumst, dann kauf dir eine Zugfahrkarte und steig ein, dann kannst du weiterleben.« Ich verstand das nicht. Doch als ich den Traum ein bisschen später wieder träumte, dachte ich offensichtlich in meinem Traum an ihre Worte und fand den Mut, in den Zug einzusteigen. Mit klopfendem Herzen setzte ich einen Fuß auf das Trittbrett. Zwängte mich hinein, kroch zwischen Beinen hindurch zu einer Ecke, schräg gegenüber der Tür. Der Zug fuhr durch die Zeit, vom Sommer zum Winter. Nach einer tagelangen Reise stieg ich in Utrecht aus und hörte das Carillon. Auf dem Bahnsteig warteten mein Vater und meine Mutter. Sie nahmen mich bei der Hand und gingen mit mir zu einem schmalen hohen Haus. Es sah so aus wie das von uns, war es aber nicht. Das galt auch für die lange Straße.

Es gab zum Beispiel in der Traumstadt ein italienisches Restaurant und eine katholische Mädchenschule. Wir gingen an einem Laden mit Festartikeln vorbei. Gegenüber dem Haus von Opa und Oma war ein Beerdigungsunternehmen für Liliputaner. Im Schaufenster standen kleine, rot lackierte Särge und eine von vier weißen Shetlandern gezogene Begräbniskutsche.

»Gott saß in jedem Zug, der nach Auschwitz fuhr, weil er sich mit jedem von uns beschäftigt. Er hat aufgepasst, dass die Kinder in die Waggons kletterten. Er hat aufgepasst, dass das Zyklon-B-Gas seine Arbeit machte, wie es sich gehörte. Danach ist er nach Miami Beach gegangen. Zum Ausruhen.« Das schrieb einst der Dichter Tobias Schiff.

Ich habe den schrecklichen Traum danach nur noch ganz selten geträumt. Das letzte Mal tagsüber, nachdem ich vor ungefähr zehn Jahren eine Geschichte zu Bildern schrieb, die ich aus Bewunderung für die nur achtzehn Jahre jung gewordene Dichterin Selma-Meerbaum Eisinger gemalt habe.

Ich las ihre Gedichte und hatte mich in ihre Worte und in ihr Gesicht verliebt. Sie erinnerte mich an Ada, für die ich einmal hinten bei ihr im Garten »Les trois cloches« von

Edith Piaf sang und die nach all dem Schönen noch immer nichts von mir wissen wollte. Scheiß Liebeskummer.

Ich habe einmal in einem meiner Träume versucht, mich mit Selma Meerbaum zu verabreden. Das hat geklappt. Wir trafen uns in der Halle eines Theaters. Die Vorstellung haben wir versäumt, weil wir nur saßen und redeten, über alles, was schön ist, Bilder, Musik, Wälder, Berge, Blumen, Wasser, Vögel und die Liebe, die Liebe, die Liebe.

Es ist 1940. Du bist sechzehn Jahre alt, wohnst irgendwo in einer Stadt in Deutsch-Rumänien. Du gehst zur Schule. Du bist verliebt in einen jungen Mann. Die Sonne scheint. Freitagabends gehst du zum Tanzen. Du schreibst ein Gedicht über eine Bank in einem Park. Über Himmel und Duft und Glanz.

Du liest in der Zeitung von Veränderungen und einem Tausendjährigen Reich. Du siehst eines Tages aus deinem Klassenzimmer, wie jüdische Studenten von Nazis verprügelt werden. Du hörst, wie einer von ihnen gezwungen wird, vom dritten Stock des Schulgebäudes aus dem Fenster zu springen. Du schreibst ein Gedicht über einen Raben.

Du darfst nicht mehr zur Schule gehen. Du verlierst deine Bürgerrechte. Musst auf dem Revers deines Mantels einen gelben Judenstern tragen. Zwangsarbeit verrichten. Künftig mit sechzigtausend Menschen in einem Getto wohnen, ohne Haus, einfach auf der Straße. Du schreibst ein Gedicht über die Nacht.

Du flüchtest. Du brichst dir ein Bein. Wirst in der Stadt als Jüdin erkannt. Deportiert, um in klirrender Kälte für einen deutschen Straßenbauer zu arbeiten. Du bist sechzehn Jahre alt. Wenn du nicht weiterarbeitest, wirst du von der SS erschossen. Du bringst die Kinder, die keinen Vater und keine Mutter mehr haben, ins Bett. Und schreibst für sie ein Schlaflied.

Außer Wassersuppe gibt es nichts zu essen. Um dich herum sterben Menschen. Leichen landen in den Tümpeln am Wegesrand oder werden über das Brückengeländer geworfen. Als Futter für Vögel und Hunde. Du hörst von fern einen deutschen Soldaten ein Lied von Franz Schubert singen.

Du wirst um sechs Uhr zum Transport geschickt. Drei Nächte und zwei Tage fährst du in einem Viehwagen durch ein fremdes Land. Niemand weiß, wohin, niemand weiß, wie lange. Du bist mit hundertzwanzig Menschen in einen Waggon gepresst. Du hörst die Frauen singen. Du denkst, dass Menschen unter diesen Umständen nicht singen können. Es lebt in ihnen eine Kraft, die stärker ist als das Böse, das sie bedroht.

Du wirst eingesperrt in einem Arbeitslager und liest die Worte, die du noch vor Kurzem schriebst. Du weißt: In vielen Fällen hat am Ende das Böse gewonnen. Du willst, dass die Bedeutung vom Singen nicht unterschätzt werden darf.

Du bist achtzehn und wurdest verbrannt. Der Rauch wurde eine Wolke. Du bist Luft. Du bist der Staub, aus dem Träume sind. Sternenstaub.

Die Blätter mit deinen Worten wurden aufgefunden und von einer Freundin aus einem Getto geschmuggelt, durch Polen, Ungarn, die Tschechoslowakei, durch Österreich, durch Deutschland, nach Paris. Nach Israel. Neunzehnhundertachtundvierzig sagte eine Freundin: »Ich habe Selmas Gedichte, ihr Vaterland, nach Hause gebracht.«

Einige der Bilder, die ich für Selma malte, sehe ich jeden Tag, weil sie bei uns an der Wand hängen, sie sind groß und erzählen von Licht im Dunkeln. Ich will noch eins für sie malen, ein letztes, »Sonne im August« wird es heißen. Tausend Farben werden von der Leinwand sprühen.

Gleich einer Symphonie in Grün,
durchpulst von Licht und Duft und Glanz,
ziehn Wiesen sich und Hügel hin,
erfüllt von buntem Blumentanz.
Die Wege liegen lang im Wind,
und alle Birken neigen sich.
Und wenn die Gärten verlassen sind,
dann sind sie es nur für mich.
Die Bänke stehen wartend da,
die Gräser wiegen her und hin,
und manchmal scheint der Himmel nah,
und lange Vogelschwärme ziehn.
Und alles ist tief eingetaucht
in Lächeln und in Einsamkeit.
Mit Gold ist alles angehaucht,
und eine Elster schreit.

Selma

Neulich, im heißen Sommer 2018, schaute der Traum wieder kurz um die Ecke, nachdem ich Lida Winiewiczs Vorkriegszeilen in ihrem Buch *Der verlorene Ton* las. »Annie und Karl sind in Paris. Onkel Otto ist in New York. Tante Gerty ist in London. Albert ist in Debrecen bei Onkel Richard, Tante Marta und dem behäbigen Zwilling. Oma ist zum Glück tot, pünktlich eingeschlafen. Neffe Hansl ist in San Franzisco. Onkel Willi in Istanbul. Bubi Bunzl in der Schweiz. Die Kautsky-Mädchen sind in Schweden. Judy ist in Toronto. Die Lazarsfelds sind in Washington. Die Schlesingers in Prag. Doktor Heber ist in Peru. Wir sind noch immer in Wien.«

Träume lassen mir schon das ganze Leben lang die Dinge klarer erscheinen. Es gibt bei allem ein Plus und ein Minus, dazwischen das Glück. Remote Control. Du bist der, der schläft und wach wird. Ein normal Gestörter. Träumerisch wahrhaftig.

Ein Traum enthüllt, das lernte ich mit den Jahren, den tiefen Hintergrund der Dinge, die sich in dir abspielen. »Träume tragen keine Masken«, sagt der Traumforscher, »sie sind Bildflüsse.« Ein Mann saß in einer kolossalen Irrenanstalt. Da gab es Menschen, die den Kopf um dreihundertsechzig Grad drehen konnten. Menschen mit zugenähten Mündern. Einige hatten Reißverschlüsse unter der Nase. Bei anderen bestanden die Augen aus silbernen Gulden. Eine Frau mit Brüsten wie zwei Tassen auf ihrem Rücken und einer mit Quecksilber gefüllten Stirn aus Glas. Kinder ohne Beine, die auf Rädern fröhlich vorbeirollten. Ein Lift aus Wasser. Ich suche nicht nach einer Bedeutung, die es nicht gibt. Du kommst angefahren auf einem Kreisel, der so groß ist wie eine Stadt, kannst nur noch rauf und nicht mehr runter. Du fährst eine Runde, um zu sehen, ob du dich nicht vergessen hast. Du begegnest einem Milchbauern und fragst: »Wo kann ich abbiegen?« »Das geht nicht«, antwortet der Mann. »Und was ist mit Ihnen?« »Ach, Herr van Veen, das klappt schon. Wir sind noch lange nicht verrückt.«

Es ist dein Traum. Ein Handlesen in Gedanken. Eine tonlose Symphonie, in der hinter dir Türen zufallen und danach in den Wänden verschwinden. Träume sind unsterblich, ein Ausweg. Vielleicht kommt der Mensch aus einem Traum, ist er entstanden aus der Melancholie der Nacht.

Wenn du Angst hast, träumst du dann und was träumst du dann? Von einer Welt, in der jeder die Freiheit hat zu sein.

Davon würde ich auch gerne träumen. Schade, dass die Träume weg sind, wenn es Morgen wird.

Man müsste sie mit einem Traumnetz fangen können und in Zimmern freilassen, von denen nur du und meinetwegen auch du den Schlüssel hast. In einem Luftschloss, das keinem gehört, weil es dort überall undicht ist und spukt.

Viele meiner Träume kann ich nacherzählen, zum Beispiel den vom Mittagsschläfchen. Da saß ich im Korb von einem Luftballon. Mit dabei waren: Bob Dylan, John Lennon, Jacques Brel, Jeanne Moreau, Truus Verheul, Brigitte Bardot, Edith Piaf, Jennifer Lawrence, Piggelmee und Sjors Sjimmie vom Rebellenclub.

Die französische Schauspielerin Jeanne Moreau ist die Ballonfahrerin. Der Ballon hebt nicht ab, er ist zu schwer, es muss jemand raus, das kommt mir entgegen. Ich zeige auf. »Okay«, sagt Jeanne. Ich steige aus, aber bleibe komischerweise auch im Korb sitzen. Der Ballon steigt langsam hoch, nicht hoch genug, um über den Baum da zu kommen. »Es muss noch jemand raus«, sagt Jeanne in ganz ruhigem Französisch. Jeder sieht jeden an. Sjors und Sjimmie werfen eine Münze, Sjimmie gewinnt. Sjors springt über Bord. Ich sehe, wie er in das Loosdrechter Seengebiet plumpst. Wir steigen, aber nicht schnell genug, um den Kirchtürmen zu entgehen. Piggelmee steht auf. Jeanne lächelt. »Lieb von dir, mein Männlein, aber das reicht nicht. Was meinst du, Brigitte? Brigitte zündet sich lässig eine Zigarette an, wirft das Streichholz nonchalant in die Luft. Bumm. Der Ballon explodiert. Bob Dylan singt noch: »Blowing in the wind.« Ich werde wach und mach das Radio aus.

Ich glaube zu verstehen, dass Träume und Visualisieren ein Netzwerk der Hirngebiete aktivieren. Ob das jetzt in einem

Traum oder wirklich passiert. Durch Visualisieren aktivieren wir in leichterem Maße dieselben Gehirngebiete als durch das Sehen. Wenn wir irgendwohin schauen, geht Information über die Augen zu einer Stelle im hinteren Teil meines Gehirns. Da, wo von außen meine Haargrenze endet. Das habe ich mir nicht selbst ausgedacht, sondern es mit Bleistift in den Büchern unterstrichen, die ich las, wie den folgenden Satz: »Information wird weitergeleitet zu höheren Hirnregionen, die Faktoren wie Aufmerksamkeit, Kontrolle, Entscheidungen fällen und Gedächtnis betreffen.«

Wie ich schon sagte, kann ich tagsüber Ausflüchte träumen, was besonders praktisch ist bei Gesprächen mit Geldzählern, Abschreibern und Regelwissern. Ich kann sehen, was ich sehen will, um die Wahrheit erreichen zu können.

Ich saß einem Mann in einem Jackett gegenüber, der ausführlich über Zahlen sprach. In Gedanken schlüpfte ich durch eins seiner Knopflöcher in seine Innentasche. Da fand ich Tickets für ein Konzert von Beyoncé, ich habe einen herrlichen Mittag gehabt, und es kostete mich nichts.

Ich finde es schön, mit anderen Augen sehen zu können. Ich habe das große Glück, ein Leben lang und noch immer im Theater arbeiten zu dürfen. Das Einzige, was ich sehe, wenn ich auf die Bühne gehe, sind die Schilder NOTAUSGANG und mein Mikrofon. Doch wenn ich singe oder erzähle, dann werden, ohne dass ich es beeinflussen kann, die Musik, die Worte und Gesten visualisiert. Erscheinen wie Sterne in der Nacht. Bilder aus dem Nichts. Ich weiß nie genau, was ich sehen und dadurch erleben werde. Von allen Menschen im Saal bin ich derjenige, denke ich, der am meisten staunt. Ich sehe natürlich manchmal auch ein Nichts, bei dem es kein Durchkommen gibt. Eine schwarze Wand. Dann sehe ich höchstens eine Billion Staubpartikel im Licht wirbeln. Hey, hat mir das Stäubchen da zugezwinkert?

Und dann geht es weiter, es gibt nie ein Ende. Zwischen mir und da befindet sich ein endloser Kosmos von Fantasiewelten. Der Abend für Abend in einer Symphonie aus Bildern, Gerüchen und Stimmen und Geräuschen wieder auflebt. Ich kann da noch ein Leben lang stehen.

Ich würde alles dafür geben
deinen strammen Schritt zu hören
während du pfeifend
durch die Straße gehst
ich weiß, dass das nicht geht
aber
wenn es ginge

Jedes Mal, wenn ich diese Zeilen singe, sehe ich meinen Vater immer irgendwo anders durch Utrecht gehen. Über die Oudegracht zur Versammlung der Grafik-Gewerkschaft im N.V.-Haus. Auf dem Fischmarkt mit in Zeitungspapier verpackten Aalen. Neben seinem Fahrrad, auf dem er einen viel zu großen Weihnachtsbaum transportierte. Auf der Maliebaan mit den Binnenlandstreitkräften des Widerstands marschierend. Und als er dann alt war, beinah so alt wie ich, sah ich ihn Schritt für Schritt die Treppe hoch und runter schlurfen.

Ich würde alles dafür geben
wieder riechen zu können
was du auf dem Brot hattest
den Tabak in deiner Tasche
ich weiß, das ist nicht möglich
aber
wenn es möglich wäre

Meine Mutter war oft krank, lag häufig im Bett. Dann machte Papa das Frühstück. Dann zauberte er immer etwas Apartes auf den Tisch, eine Dose Schokostreusel mit Cha-Cha-Cha oder Käse mit Löchern, durch die man spähen konnte. Plock-, Blut- und Leberwurst. Bei jeder Vorstellung sehe ich ein anderes Frühstück.

Es bleibt mir nichts anderes übrig
als mit geschlossenen Augen
die bunte Menge
der Bilder zu sehen
den Stummfilm in meinem Kopf

Ich würde alles dafür geben
deinen besorgten Blick zu sehen
beim Lesen
der Zeitung
die Tränen in deinen Augen
am vierten Mai

Dann hatte er den gewissen Blick und sah nach innen. Und wenn ich dann singe, frage ich mich, was er da sah. Und dann kommen bei jeder Vorstellung wieder die Bilder, die ich nicht vergessen kann. Zumindest, denke ich, solange ich singe.

Es bleibt mir nichts anderes übrig
als mit geschlossenen Augen zu schauen
oder nach dir
in dem Spiegel zu fahnden
in dem ich dich
finde mit einem Blick

Es ist beklemmend, neben einer schönen jungen Frau das Spiegelbild ihrer Zukunft zu sehen, ihre Mutter. Ganz anders war es bei mir, als ich zum ersten Mal die Mutter meiner Frau sah.

Als meine Eltern vor ungefähr achtzehn Jahren kurz nacheinander starben, hat mich das danach jahrelang durcheinandergebracht. Ich weinte aus geringsten Anlässen. Ging täglich zum Telefon, um sie anzurufen. Jetzt, achtzehn Jahre danach, geschieht das nur noch monatlich. Wem zum Beispiel könnte ich immer wieder erzählen, wie froh ich bin, endlich jemanden gefunden zu haben, bei dem ich inzwischen seit dreißig Jahren Ruhe finde, durchatmen und Hand in Hand einschlafen kann?

Wen muss ich künftig fragen: Wie kriege ich den Flecken aus dieser Hose? Und Papa, wie hast du es damals, als du so alt warst wie ich, geschafft, mit deiner Verantwortung umzugehen, nachdem du im niederländischen Fernsehen einen Talkgast mit einer Alternative für die Demokratie sahst? Oder wie hast du es geschafft, deinem Sohn beizubringen, keine allzu große Eile bei dieser Frau zu haben, kann ich meine Mutter wiederhaben?

Nach dem Tod meiner Eltern war ich lange ein verwirrtes erwachsenes Waisenkind, bis mit dem Älterwerden die Panik und der Kummer Platz machten für die blühenden

Erinnerungen. Ich brauche sie nur zu pflücken. Seit ich immer besser begreife, dass Qualen nicht verschwinden, wenn man vor ihnen wegläuft. Die Qualen gehören dazu. Ich kann jetzt an meine Eltern ohne Schmerzen denken, wann ich will. Alles bis in die kleinsten Details wiederbeleben, mithilfe des Duftes von Flieder, Narzissen und Sternkirschen, Bohnerwachs, des Rauchs einer Zigarre, einem Fleck auf der Tapete, einem Schluck Genever. Ich kann über Lieder, Bilder, Bücher, Gemälde und Geschichten der Vergangenheit Leben einflößen. Es ist ja meine Vergangenheit.

In seinen Gedanken ist man frei, und das Schöne dabei ist, dass einem niemand das, was man in Gedanken hat, wegnehmen kann. Die Psychologin Edith Eger, sie nennt sich eher Pfadfinderin, sagt: »Lauf nicht weg vor deiner Vergangenheit, sondern durchlebe sie noch einmal und noch einmal.« Sie ist es übrigens auch, die sagt, dass Orgasmen helfen, Alzheimer vorzubeugen, und jedem rät, so oft wie möglich einen zu haben. »Think sexy: Sex sitzt zwischen den Ohren, und nichts blockiert unser Vermögen zu genießen mehr als chronisch unterdrückte Wut.« Ich möchte hinzufügen: und Kummer.

Niemand sieht
das, was er sieht
und was er nicht sehen lassen kann
niemand hört
das, was er hört
und was er nicht hören lassen kann
Er ist meschugge, sagen sie
findet die Wörter nicht
so ist er geboren, sagen sie
Wer will wissen
was er denkt
was sich abspielt in seinem Kopf
und wie er durch die Stadt streunt
wen interessiert das
Er ist meschugge, sagen sie
findet die Wörter nicht
so ist er geboren, sagen sie
Was er hat, passt in eine Tüte
zum Schlafen nimmt er dies und das
er versteckt sich vor der Welt
unter einem alten Kontrabass
Wenn er spricht, dann mit den Dingen
manchmal erfindet er ein Orchester
oder ein Publikum
um vor ihm zu singen

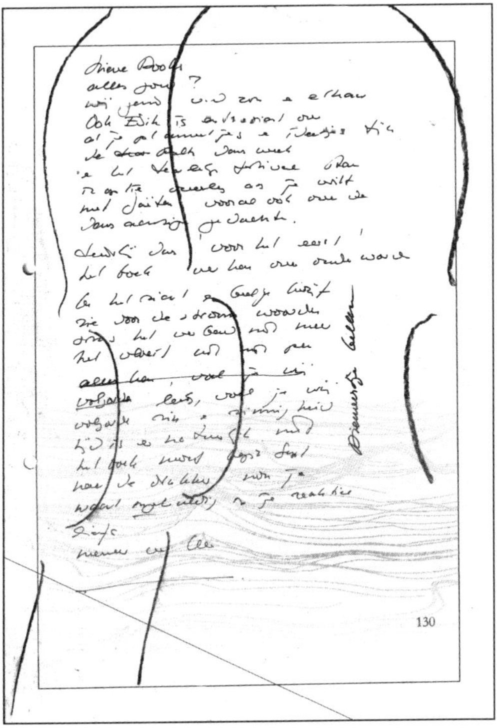

Was Eis erzählt

Neulich unterhielt sich Marnix Dorrestein mit Kees Dijkstra. Zwei junge Kerle, ein Gitarrist und ein Bassist, mit denen ich regelmäßig spiele. Sie sprachen über Kendrick Lamar und seine neue CD *Damn.* Sie waren euphorisch. Sie gingen davon aus, dass mir Kendrick kein Begriff war. Sie sind Ende zwanzig, ich bin mittlerweile fast achtzig. Sie irrten sich. Ich habe nämlich zwei Spione, die mich, ohne es zu wissen, auf der Höhe der aktuellen Entwicklungen an der Hip-Hop-Front halten, meine Enkel. Ich habe mir inzwischen *Damn* oft angehört. Dank der kleinen Männer entgeht mir in diesem Genre verdammt wenig.

Ich musste an *Damn* denken, als ich an einem Freitagabend in Nord-Limburg im alten Venray spielte. Zwei Vorstellungen in dem kleinen gemütlichen Theater. Freunde, die mit einer sehr fröhlichen Gruppe gekommen waren, hatten mich gefragt, ob wir uns hinterher nicht noch kurz treffen könnten, meet the artist. Ich stand da mit einem Bitterballen in der Hand und plauderte mit Mittdreißigern. Ich sah beim Reden ein großes Foto vom Bonvivant und Musenmann Toon Hermans hängen.

Es muss Menschen geben
die am Ausgang des Friedhofs
Eis verkaufen

Ich fragte meine Gesprächspartner, ob sie jemals Hermans gesehen hätten. »Hermans?« Ich zeigte ihnen das Foto. Sie hatten ihn nie gesehen und wussten auch nicht, wer er war. Mir verschlug es die Sprache. Toon Hermans war für Niederländer, was Charlie Chaplin für die Engländer war. Er starb am 22. April 2000, vor fast neunzehn Jahren. Ziemlich verblüfft fragte ich auch noch einige andere Dreißiger in der Gruppe, ob sie wüssten, wer der Mann mit den lustigen Augen war. Die gleiche Antwort.

Vor etwa zehn Jahren machte ich an der Schauspielschule in Amsterdam einen Workshop. Irgendwann kam ich auf Ko van Dijk – ein niederländischer Laurence Olivier – zu sprechen. Niemand in der Klasse wusste, wer das war.

Ich erinnere mich an eine Stelle in einem Gedicht von Jeroen van Merwijk.

Du kriegst ein Abschiedsfest
dann stirbst du
und jeder vergisst,
dass es dich gegeben hat

Damn.

Ich summe etwas von früher. Der Duft von Kaffee mit Zimt. Eine Fliege, die sich für meinen nackten Fuß interessiert. Sie krabbelt zwischen meinem kleinen Zeh und dem Ringzeh. Ein Brot mit Schokolade. Zwei Zitronenfalter, die von Blume zu Blume flattern. Hoch oben in der blauen Luft zieht ein Flugzeug einen Strich durch den Himmel. Wer sitzt jetzt wohl dadrin? Was denken sie? Wie ängstlich sind sie? Wer wartet auf sie? Etwas weiter mäht jemand das Gras mit einem stotternden Rasenmäher. Eine leichte Brise wirbelt von den Bergen. Eine Hummel nistet sich in die Schokostreusel ein. Ein ängstlicher Hund bellt heiser und hoch. Vögel zwitschern. Flämische Eichelhäher krächzen. Auf dem Tisch Schachteln mit Büchern und Papieren zum

Lesen und Schreiben. Eine Elster jagt eine Amsel weg. Ein Frosch quakt. Eine Libelle, königsblau, berührt das Wasser nicht. Eine Eidechse flieht vor einer anderen zwischen graue Steine. Leichte Wolken treiben über der See in unsere Richtung. Ein Hahn kräht ein bisschen guten Morgen. Eine Frau schmiert Sonnencreme auf meinen kahlen Kopf und ein bisschen auf meine Nase. Jemand hört auf zu mähen. Kein Flugzeug in der Luft. Die Vögel schweigen. Die Hummel hat sich verzogen. Einen Augenblick lang kann man die Blumen hören. Alles geschieht gleichzeitig.

Einmal war Maurice Ravel dabei, als von ihm geschriebene Streichquartette aufgenommen wurden. Er saß im Kontrollraum und machte alle möglichen Vorschläge. »Das war wirklich gut«, sagte er am Ende, »sag mir noch, wer der Komponist war.«

Was hat man davon, achtzig zu werden, wenn man sich keinen Namen merken kann und im Wohnzimmer die Hose fallen lässt, um hinter das Sofa zu kacken?

War man vor einem Jahrhundert statistisch mit fünfzig mit dem Latein am Ende, sind wir heute ungefähr dreißig Jahre länger alt. Beim Älterwerden nehmen unsere Zellen, wie die Blätter der Bäume, die Farben des Herbstes an. Auch ich gehöre inzwischen zu den älteren Menschen. Ich weiß immer mehr von den Dingen, die längst vorüber sind.

Unwillkürlich zeigt mein Gehirn mir Bilder von Dingen, an die ich mich gar nicht erinnern wollte, die ich aber doch erlebt habe. Erinnerungen, von denen ich gar nicht mehr wusste, dass es sie noch gibt. Fünfzig Jahre lang nicht daran gedacht, Gedanken tief vom Grund des Gehirns, der Bodensatz, der jetzt endlich, im Alter, aufzutauen scheint. Ein

Strom von Erinnerungen, ein endloses Bewusstsein. Klar, detailliert und intensiv.

Ich sehe die Sandalen, die ich als Zehnjähriger trug, glasklar auf meiner Netzhaut. Inklusive der Sandkörner, die durch das Meerwasser an den Bändern kleben geblieben waren. Meine Sandalen standen zum Trocknen neben einem blauen abgeblätterten Emailleeimer, einem gelben Schäufelchen und zwölf Muscheln auf dem Handtuch meiner Mutter am Strand. Katwijk aan Zee.

Es ist eine neurologische Tatsache, dass Nervenverbindungen, die nicht gebraucht werden, absterben. Hört man auf, sein Gedächtnis zu gebrauchen, dann wird es bestimmt schlechter werden. Das Gedächtnis ist nicht anders als beispielsweise Muskeln, die man durch Training stärken und vergrößern kann. Es geht dann nicht mehr darum, es zu vergrößern, sondern darum, es zu behalten.

Ich habe die Sandalen angezogen. Sie passten noch. Ich renne über die alte Bahnbrücke am Bahnhof vorbei, je weiter ich renne, desto älter werde ich.

Über den Weg oberhalb unseres Sommerhauses fuhr früher eine Eisenbahn, der Calais Mediterrané Express. Ein Luxuszug von Wagon-Lits, der in den Wintern von 1868 bis 1914 schicke Gäste aus dem Norden zur Riviera brachte. Der Erste Weltkrieg beendete diese »belle époque«. Wenn meine Frau und ich mit den Hunden spazieren gehen, schlendern wir bei unserer festen Hunderunde immer an dem alten Bahnhof vorbei. Heute steigt dort niemand mehr ein und niemand mehr aus. Manchmal sehe und höre ich da mit geschlossenen Augen: Auf Wiedersehen, bis bald, schreibst du mir? Je t'écris.

Es hat heute Nacht geregnet. Der kleine französische Platz liegt erfrischt da. Ich nehme Platz auf einer Terrasse, bestelle warme Croissants und Kaffee. Der Mann neben mir in seiner blauen Hemdhose bestellt einen zweiten Pastis de Marseille. Alkoholprozentsatz: fünfundvierzig Prozent. Es ist neun Uhr morgens. Ich blättere in einer *Paris Match*, sehe grässliche Fotos von dem Protestmarsch gegen den Ausgang der Wahlen in Iran. Männer knüppeln Demonstranten nieder. Nach dem Grün der Hoffnung das Blut der Repression. Verschleierte Frauen stürmen auf Polizeiagenten zu, um ihre Söhne vor den Schlägen zu beschützen. Ein mittelalterlich wirkendes Foto von einem grimmig blickenden Ayatollah Ali Khamenei.

Ich erinnere mich an das, was mein flämischer Freund, der Journalist Frans »Sus« Verleyen, einmal geschrieben hat. Auf seinem Grabstein steht: »Es ist das Beste, das Rätsel zu vergrößern.« Sein Artikel, den er, wie ich glaube, 1980 schrieb, beschreibt seinen Besuch beim damaligen Schah von Persien. Ein Gespräch, auf das er sich überhaupt nicht freute. Er hatte offentsichtlich kein Interesse daran, lediglich ein paar offizielle Sprüche von einem Alleinherrscher zu hören, der seinen Rivalen füsilieren ließ. Er schien ein Vorurteil gehegt zu haben. Der Schah war eine absolute Persönlichkeit. Und er entwickelte gigantische Ideen voller Pipelines, Verbindungen mit der transsibirischen Eisenbahn, erzwungener Alphabetisierung, schnellem Brüter, petrochemischer Technologie. Er verlor den Palast, ziemlich durcheinandergebracht durch die Konfrontation mit einem Cäsaren, einem neuen Mustafa Kemal Atatürk. Er war ein Monarch, der neben seinen düsteren Seiten wollte, dass Frauen ohne schwarzen Schleier gehen, und sie lieber in einem Schianzug oder in einem Bikini am Strand sah.

Ich gehe mit meinen Erinnerungssandalen zurück nach Haus. Ich erinnere mich an das Gummipüppchen, mit dem ich spielte und das ich ganz kaputt gekaut hatte, als ich ein kleines Kind war. An meine erste Geigenstunde, an den Geruch der Grippe, an die Blümchen auf der Tapete, an die Stacheln auf den Wangen meines Vaters, den sonntäglichen Geruch meiner Mutter, an den Hauch von Schweiß, an das Licht in der Straße nach einem Regenbogen, an die Zeitung mit den kleinen Kätzchen, die ich im Mülleimer fand. An meinen ersten Kuss, an die Abschlussklasse der Oberschule.

Wir durften alle mit unserem Mentor Maarten van Duinen nach Österreich fahren. Nach Sankt Anton. Zum Wandern in den Bergen und zum Klettern bis zum ewigen Schnee. In Berghütten schlafen. Die Jungen bei den Jungen, die Mädchen bei den Mädchen, die Lehrer und die Lehrerinnen durcheinander. Glühwein durften wir trinken und Männer und Frauen hören, die sich beim Liedersingen auf einer Tischzither begleiteten. Harmonische Lieder, die klarmachten, welches Feld Mozart beackert hatte. Bei einem dieser herrlichen Abende saß ich etwas abseits auf einem Stein und sah einen Sonnenuntergang. Die Sonne, so rot wie rot. Ich hatte überhaupt nicht gemerkt, dass sich jemand neben mich hingesetzt hatte, Boukje, hieß sie, so blond wie Flachs, mit Augen, so blau wie Kornblumen, und Brüsten, wie ich hoffte, so groß wie meine Handflächen. Wie es kam, weiß ich nicht. Aber auf einmal, wie durch einen Luftzug am Fenster entlang, drückte ich meine Lippen auf ihren Mund und sie ihre auf meinen. Und ich probierte ihre Zunge. Eine Glut zog mir durch den Körper. Ich wollte, dass es nie mehr aufhören würde. Ich wollte, dass es wie der Schnee da oben für immer war.

Ich erinnere mich sogar an die Ameisen, die in einer Reihe, während wir ...

Der Kolibri ist der einzige Vogel, der rückwärts fliegen kann. Bei Seepferdchen wird das Männchen schwanger. Mäuse können singen, sauber und klar. Ein Tintenfisch hat drei Herzen, also viel zu geben und zu behalten. Pflanzen können miteinander kommunizieren.

»Was wisst ihr denn eigentlich?«, frage ich meine Sandalen. »Dass die Erde genau wie der Mond und die Sonne ungefähr rund ist. Und Mond und Erde einmal in der Sonne verschwinden werden. Wir wissen, dass, wenn man ein Glas hochnimmt und es fallen lässt, dass es dann durch die Schwerkraft zerbricht, und oh ja, dass die ganze Welt unter uns passt«, antworteten sie. Ich weiß, dass mein Geigenbogen an der Oberseite leichter ist als an der Unterseite, dem Griff. Wenn man einen gleichmäßig klingenden Ton streichen will, muss man mit dem Zeigefinger ein Gegengewicht geben. Ich weiß, dass ich eine angeknipste Schirmlampe nicht auf den Rand der Badewanne stellen darf. Denn sollte diese Lampe dann ins Wasser fallen, während man ein Bad nimmt, dann kriegt man einen elektrischen Schlag. Ich weiß, dass eine Tomate rot ist, weil sie, wie ein rotes Bremslicht, eine Signalfarbe hat. Die Tomate tut so, als wäre sie giftig, damit jeder, der »leckeres Häppchen« denkt, die Hände von ihr lässt. Ich lernte vom Toon-Hermans-Lied »Ballonnetje«, dass Helium leichter als Luft ist. »Komisch«, murmelt meine linke Sandale. »Sandalen, wo gehen wir jetzt hin?« »Nach unten. Als Sie klein waren, begannen Sie schon, nach unten zu gehen. Nein, mein Herr, Sie gehen nicht allein.« »Wo verabreden wir uns?« »Unten?« »Ja, mein Herr, wenn Sie unter der Erde liegen, dann geht es nicht mehr nach unten, dann sind Sie schon oben.«

Alles erweist sich als anders. Ordnung ging einmal nur in eine Richtung, von mehr zu weniger. Zeit dauerte ein Menschenleben lang. Die Regeln, die wir kennen, scheinen nicht mehr zu gelten. Es gibt keine Sicherheiten mehr.

Das weiße Haus
wo alles Blau
neu ist
aller Schmerz
alle Müdigkeit
mehr oder weniger
arrangiert sind
Wo Fotos
von Vätern
Großeltern
Müttern eingerahmt
auf Fensterbänken stehen
sich schwindelig gelaufene Kinder
nach der Sesamstraße
ins Bett gehen
Da
ist ein kleines Kätzchen
hereingelaufen

Die neue Wissenschaft der Quantenmechanik stellt die ganze Physik auf den Kopf. Ich las neulich ein superspannendes Buch über die Quantenwirklichkeit. Darin wurde beschrieben, dass die allerallerkleinsten Teilchen gleichzeitig an mehreren Orten sein können. Sie sind sowohl Welle als auch Teilchen und können einander an den verschiedenen Stellen zur gleichen Zeit fühlen. Auch dann, wenn sie voneinander ein Universum entfernt sind. Vielleicht auch von jetzt bis damals und umgekehrt. Genau wie der Weg unserer Erinnerungen. Deine Gedanken sind frei, in der Zeit, in deinem Kopf, du kannst überallhin. Würde unser Physiklehrer jetzt noch leben, er würde umgekehrt auf seinem Fahrrad nach Hause fahren.

Wie ich in den Zeitungen lese, weitet sich diese sonderbare Quantentheorie nun auf eins der letzten unangetasteten-Felder der Physik aus, betritt unberührten Schnee. Die Thermodynamik, die physikalische Wärmelehre. Das Zusammentreffen beider Theorien enthüllt möglicherweise das grundlegende Gewebe unserer Wirklichkeit.

Motoren werden sich schneller drehen, als unsere Naturgesetze erlauben. Batterien unvorstellbar effizient aufgeladen werden, Kühlschränke wird man mit Nanograden kühlen können.

Auch wenn wir uns heute umschauen, bleibt nichts, wie es ist, und alles ist anders gekommen, als wir dachten. Im Eis von Grönland können Wissenschaftler jetzt fast aufs Jahr genau erkennen, was sich im Römischen Reich abgespielt hat. Viel Blei im Eismonster? Zeichen von Wohlstand in dem Reich, denn es gab viele Wasserleitungen, Weinfässer, Schiffsrümpfe. Eis konserviert und weiß mehr als wir, Eis friert die Zeit ein.

Wir zählten in aller Ruhe die Jahre wie Jahresringe eines Baumes. Der Kalender ist vorbei. Auf Grönland ist sogar das Eis, das sich aus Niederschlägen im Sommer gebildet hat, von Eis aus Winterniederschlägen zu unterscheiden, erfahre ich aus einem Artikel von Cor Spek in der Tageszeitung *De Volkskrant.*

Gewaltige Ausbrüche von Krankheiten, die Europa im Altertum heimsuchten, kann man im Eis wiederfinden, die

Pest, die Pocken und die Rippenfellentzündung. Alle fein säuberlich gespeichert wie die Schichten eines Speckpfannkuchens.

Einige Historiker gehen davon aus, dass die Römer nicht von einer Handvoll Asterixen besiegt wurden, sondern sich selbst durch Bleivergiftung zugrunde gerichtet haben. Ihre Wasserleitungen waren ja aus Blei, und das für Menschen schädliche Metall kam in großer Menge in ihrem Trinkwasser, ihrem Wein und ihrer Nahrung vor. Aber sie wussten das nicht. Das Bleiniveau ist heute fünfzigmal höher als in den glorreichen Tagen der Römer. Und wir wissen das.

»Beherrschen uns unbewusste Hirnprozesse?«, fragt im Fernsehen ein Journalist einen Wissenschaftler.

Draußen ist es einunddreißig Grad, innen bestimmt vierzig. Ich frage meine Frau, ob sie auch ein Eis möchte. Ich gehe zum Kühlschrank und hole aus dem Tiefkühlfach zwei Cornettos. Beim Papierabziehen sage ich zu meiner Frau: »Ich las von Blei im Eis und bekam Lust auf ein Cornetto. Ob die Cornetto-Produzenten etwa den Artikel über das Grönland-Eis finanziert haben?« Meine Frau versteht nicht, was ich meine. Ich erkläre es ihr. »Das wäre möglich«, sagt sie mit einem Rest weißem Eis auf der Oberlippe. »Wenn ich meine alten Ballettschuhe sehe, erinnern sie mich auch an die Rückenschmerzen, die ich nach Tanzvorstellungen hatte. Wenn ich Ballettschuhe sehe, will ich immer zum Schwimmen gehen.« Wir lächeln.

»Experimente mit Versuchspersonen, durchgeführt von verschiedenen Wissenschaftlern, legen nahe, dass unbewusste Gehirnprozesse Entscheidungen für einen treffen, ohne dass man das realisiert.« Wenn ich mir vornehme, heute Abend auf keinen Fall Geige zu üben, kann der Geruch von Harz, wenn ich morgens zum Beispiel durch einen Wald gehe – Harz, das ich brauche, um meinen Geigenbogen zu harzen –, mich unbewusst dazu bringen, es doch zu tun. Dieser unbewusste Prozess ändert nichts an meinem Bewusstsein. Ich bin höchstens etwas unfrei, wenn es um den genauen Moment geht, in dem ich mit dem Üben beginnen werde.

Unser freier Wille ist offenbar begrenzt. Untersuchungen haben ergeben, dass uns der Geruch eines Putzmittels dazu bringt, die Krümel von einem schmutzigen Tisch früher wegzuwischen. Und dass das Lesen von Wörtern, die das Älterwerden betreffen, unser Lesetempo reduziert. Ich fange jetzt tatsächlich an, ruhiger zu lesen, mehr noch, mein iPad auszuschalten, um spazieren zu gehen und über das Obenstehende nachzudenken. Bei einer kleinen Gruppe von Buchen bleibe ich stehen und frage mich: Wie ist es eigentlich um den freien Willen bestellt, wenn es darum geht, ob man älter werden will oder nicht?

Ein Stück weiter höre ich im Wald zwei Spechte nacheinander klopfen. Wie zwei perfekte Schlagzeuger trommeln sie ihre Schnäbel auf die Stämme der alten Bäume. Warum sie wohl klopfen, warum sie hämmern? Suchen sie Nahrung? Einen Hohlraum für ein Nest? Oder trommeln sie sich ein Territorium? Sehen sie einander oder sehen sie sich nur kurz mal um nach dem Motto: Hast du mich gesehen? Schönes Trommeln, was? Und so im Takt. Machen sie das, um einander zu beeindrucken? Ich lese nach in meinem großen Vogelbuch und erfahre, mit dem Klopfen wollen sie vor allem prüfen, ob die Luft rein ist.

Ich würde davon wahnsinnige Kopfschmerzen kriegen. Ich erinnere mich noch an die steinharte Ledermurmel, mit der wir früher Fußball spielten. Wenn man einen solchen Lederball ein paarmal an den Kopf bekam oder aus Übermut mit der Stirn annahm, war man noch nach dem Spiel wie betäubt. Ganz zu schweigen von jenem Mal, als ich dachte, der Rand des Schwimmbades würde hinter den Mädchen beginnen, über die ich sprang. Offensichtlich ein Irrtum, die Folge war eine Gehirnerschütterung.

Ein Specht kriegt von seinem Klopfen keine Kopfschmerzen. Sein Gehirn wird nämlich in seinem Kopf von einem Muskel wie durch ein Gummiband festgehalten. Dadurch kann sein Gehirn nicht wie in unseren Köpfen erschüttert werden. Unser Gehirn schwimmt sozusagen in unserem Schädel und kann dadurch wie ein schwankendes Boot an die Innenseite des Schädels prallen. Ein Specht hat, wie man vielleicht sagen könnte, einen Gehirngurt um, der so funktioniert wie bei uns ein Sicherheitsgurt im Auto. Es wird niemanden überraschen, dass ich nach der Lektüre über das Gehirn in einem Spechtkopf den Drang verspüre, einen Bücherschrank zu zimmern.

Das bringt mich auf den Gedanken, dass ich als Jugendlicher hätte wissen können, was ich später werden würde. Denn da standen in meinem aus Kartoffelkisten selbst gemachten Bücherschrank fein säuberlich aufgereiht Bücher, die alle von dem handelten, was ich geworden bin.

Wenn du nicht weißt, was du werden willst, junger Mann, schau, was du die ganze Zeit gesammelt hast. Addiere und subtrahiere. Die Summe ist, was du sein wirst.

Du bist lieb
und du bist lieb
und du
das Allerliebste

Nawoord

Elk verhaal in dit boek is een persoonlijk voorbeeld.
Verzon, vond uit, vervormde bedacht.
Stelde er iets waars tegenover.
Breidde uit, leende.
Voegde er iets van mijzelf aan toe
Schreef vanuit het gebeuren en herinneringen
jongleerde met mijn verbeelding.

Waarschuwing.

Dit is geen ernstig boek.
De lezer kan
met een glimlach
de verbalen binnen
en weer buiten gaan.

Wer macht das Klopfen an?

Es war einmal eine Mutter, die hatte einen Sohn. Das Männlein wurde krank, und Gott nahm es zu sich. Die Mutter war untröstlich, wodurch der kleine Junge in der Zwischenzeit für den Himmel nicht die Ruhe fand, die nötig ist, um tot sein zu können. Daher erschien das Männlein wie eine Art Hologramm überall da, wo seine Mutter litt, und dann weinte er mit ihr. Die Mutter konnte einfach nicht mehr aufhören, die Tränen waren zu stark.

In einer Nacht besuchte der kleine Junge seine Mutter wieder, setzte sich an das Fußende ihres Bettes und sagte: »Mama, hör doch auf zu weinen, mein weißes Totenhemd wird durch all die Tränen nicht trocken. Auf diese Weise werde ich mich noch erkälten und noch einmal sterben, diesmal vielleicht an einer Lungenentzündung.«

Die Mutter erschrak, als sie das hörte, zweimal tot? Sie hörte auf zu weinen. Das Totenhemd des kleinen Jungen trocknete danach schnell. Und die Mutter überließ ihren Kummer fortan Gottes Händen. Bald darauf verschwand der kleine Junge gesund und für immer, und die Mutter lebte noch lange und wehmütig.

Bambi war meine erste große Liebe. Ich hatte als kleiner Junge das Gefühl, dass es für mich das größte Glück gewesen wäre, Bambi zu heiraten, ich wollte dann nicht mehr Herman heißen, sondern »Hirschmann«. Charles Dickens erging es übrigens so mit Rotkäppchen. Das zeigt, warum wir mit Millionen anderen Kindern auf der ganzen Welt für alle Zeiten verrückt nach Märchen sind. »Als Dickens schon weltberühmt war«, sagt Bruno Bettelheim, »erkannte er noch die tief gehende formende Kraft, die die fantastischen Figuren und Ereignisse in Märchen auf ihn und sein schöpferisches Genie ausgeübt hatten. Dickens begriff, dass die Märchenbilder Kindern, mehr als alles andere, bei ihrer schwierigsten und wichtigsten Aufgabe halfen: ein reiferes Bewusstsein zu erlangen, zu lernen, ihre chaotischen und unbewussten Triebe im Zaum zu halten. Die mündlich überlieferten Volksmärchen warnen davor, dass, wer zu ängstlich und kleinmütig ist, sich selbst zu finden, weil er nichts riskiert, mit dem alltäglichen Trott zufrieden sein muss, wenn ihm nicht ein noch schlimmeres Los bevorsteht.«

Ich habe mein ganzes Leben lang Märchen geliebt. Und auch noch jetzt, mit dreiundsiebzig Jahren, lese ich sie immer wieder mit großem Vergnügen. Und füge manchmal einige dazu, vor allem um zu lernen, mich und die Welt um mich herum besser zu verstehen. Ich erkenne mich klarer durch die Geschichten, die ich erzähle, durch die Lieder, die Bilder, die ich mache. Das können natürlich auch gnadenlose Entlarvungen sein. Dann wird man das Kind im eigenen Märchen, das sieht, dass es nackt ist. Diese Selbstbeobachtungen können einem Angst einjagen. Vieles von dem, was ich schreibe, handelt von solchen Ängsten, es hilft mir, mit ihnen fertigzuwerden.

Ich fragte meinen Vater einmal, ein bisschen ängstlich, nachdem wir zusammen an meinem Bettrand »Hört, wer klopft da, Kinder« gesungen hatten und er, schon die Klinke in der Hand, das Licht ausmachte: »Papa?« »Ja.« »Wann fängt eigentlich das Herz an zu klopfen? Wer macht das Klopfen an? Wer macht das Klopfen aus? Wo ist der Schalter für das Klopfen?« Er wusste es nicht. Meine Mutter und der Nachbar ebenfalls nicht. Meine Lehrerin sagte: »Das ist so.« Was fängt man damit an? Ich hörte nicht auf, das den Doktor zu fragen, wenn ich wegen irgendwelcher Probleme zu ihm kam. Auch er fand keine befriedigende Erklärung. »Es geschieht einfach, das ist die Natur.«

Die Natur ist zu groß, um ihr einen Brief zu schicken. Ich sah mich schon auf dem Dachboden sitzen: Liebe Natur, können Sie mir sagen, wer das Schlagen eines Herzens an- und ausmacht? Und Gott? Der hatte nicht einmal eine Adresse, in keiner Kirche war er je zu Hause. Das machte mir Angst. Ich hörte, wenn ich im Bett lag, mit meiner Hand auf dem Herzen, wie es schlug, hatte Angst, dass es aufhören könnte. Je ängstlicher ich wurde, desto schneller schlug es. Ich entdeckte, dass ich die Geschwindigkeit kontrollieren konnte, indem ich dann ruhig atmete. Wenn ich vorgab, weniger ängstlich zu sein, klopfte es ruhiger. Aber wenn ich nervös war, dann ging es wieder los. Jetzt weiß ich, dass es gut ist, wenn es so funktioniert. Nehmen wir mal an, dass dein Herz nicht schneller schlägt, nicht schneller pumpt und tut, was es tun muss, um dich zu warnen, damit du in einer bestimmten Situation richtig reagierst. Wenn die Leute sagen: »Hör auf dein Herz«, bedeutet das meiner Meinung nach etwas ganz anderes, als sie vermuten. Wenn ich jetzt einen viel zu jugendlichen Tanz hinlege und mir das Herz beinahe aus der Brust springt, bin ich danach wahnsinnig glücklich, dass mein Herz mittanzt. Wenn ich spüre, dass mein Herz beginnt, schneller zu schlagen, weiß ich, dass ich mich umsehen und anfangen muss zu fragen: Was sehe ich noch nicht, was verstehe ich noch nicht, was verbirgt sich da hinter dem Baum, sitzt da unterm Tisch, im Bier, wo geht sie?

Einmal, an einem regnerischen Tag – ich weiß es nicht mehr genau, aber ich musste was Schlimmes getan haben – wollte meine Mutter mich dem Storch zurückgeben. Sie wollte ein so unartiges Kind nicht mehr haben. Ich musste meine Anziehsachen, Socken und Schuhe abgeben und in den Wäschekorb legen, ich konnte gehen. Mein Herz drehte durch. So sehr, dass ich dachte, gleich springt es mir aus der Brust. Wie geht's weiter, wenn man fünf oder sechs ist? Splitternackt durch die Straße. Jeder kann dich ganz sehen. Deine geheimen Stellen, die für die Augen der anderen streng verboten waren. Wo musst du hin, ohne den Weg zu wissen? Ich muss so ängstlich ausgesehen haben, dass meine Mutter einen Schrecken bekam und bereute, diese Strafe gewählt zu haben. Sie hat mein Herz danach so ruhig geschmust wie eine Uhr.

Wo bist du
hast du Angst
sitzt du im Dunkeln
bist du da schon lang

Wo bist du
hast du dich verirrt
irgendwo in einem Wald
hast du dich versteckt

Wo bist du
entführt von einer Hexe
aufgefressen von einem Drachen
liegst du in einem Graben
krabbeln Spinnen durch dein Haar

Wo bist du
krabbeln eklige Kerle
die Tapete entlang
hast du großen Schiss
schleicht da jemand durch den Gang

Wo bist du
stellst du dich unter vor dem Regen
knallt dir der Blitz um die Ohren
kam dir Rumpelstilzchen entgegen

Wo bist du
hast du Angst
vor dem Klopfen
in deinem Herzen
kannst du
das Hämmern
verschmerzen

Wo bist du
in ganz großer Not
stehen dir die Haare zu Berge
bist du

»Mutter konnte es nicht hören, denn die war tot, und darum kam sie nicht«, schrieb einst der Mystiker Johan Andreas dèr Mouw, »alles kommt zu spät.«

Stille, die Abwesenheit des Geräusches, hört man selten. Ich erinnere mich, lang ist es her, an einen Wintertag, es schneite dichte, große, trockene Flocken. Ich ging allein über das Lucasbolwerk in Utrecht zur Schule. Vor der Auslage des Meisterviolinbauers Otto Stam blieb ich stehen. Da standen stolz wie Könige drei prächtige Geigen und warteten im Morgenlicht auf Geigenspieler. In Gedanken hörte ich sie singen. Dann war es still, bis ich hörte: »Herre.« Und patsch flog mir ein knallharter Schneeball an den Hinterkopf.

Manchmal, nach so vielen Jahren, ist es still, und ich denke: Kriege ich gleich wieder einen Schneeball ab?

Still war es auch in den Fünfzigerjahren am vierten Mai. Ich habe als Kind gedacht, dass die Niederlande dann lauschten, ob der Krieg zurückkommen würde. Still war es auch im Wartezimmer, wo ich darauf wartete, dass die Tür aufging und der Doktor sagen würde: »Herr van Veen, ich muss Ihnen leider mitteilen ...«

Gestern war es einen Moment still im Garten, bevor die Sonne aufging und ich die Zeitung holen ging. Einen Moment kein Zug, Auto oder Glockenläuten, einen Moment kein zwitschernder Vogel oder wieherndes Pferd. Einen Moment kein Husten eines Nachbarn oder Zuschlagen eines Gartentors. Stille, einen Moment war es so still, dass man sein Blut rauschen hören konnte wie ein fernes Meer.

Selma Meerbaum-Eisinger schrieb einmal kurz vor ihrem Tod in einem Arbeitslager: »So still, man hört nur den Geruch.«

Zwischen meinem fünfundzwanzigsten und fünfunddreißigsten Lebensjahr hatte ich nach einer hektischen Spielsaison die größte Mühe mit der riesigen Stille, die entstand, sich aufbaute wie eine hohe Mauer. Automatisch öffnete ich abends um zwanzig Uhr die Vorhänge und fing gegen dreiundzwanzig Uhr an, mich zu verneigen.

Mein Leben war eine Achterbahn, schrieb ich im zweiten Teil meiner Autobiografie *Erinnerte Tage*, weg von der vertrauten Straße, Heirat mit einer Freundin aus dem Kindergarten, nach neun Monaten Vater eines prächtigen Kindes, das ein bisschen zu früh geboren wurde, wodurch ich die Geburt versäumte, weil ich in Tokio spielte. Wir hatten ein Häuschen, Bäumchen und Tierchen im Dörfchen Harmelen. Ich wurde bejubelt und verrissen. Alte Freunde starben, neue Freunde kamen. Ein eigener Kunstbetrieb. Viel Erfolg, spät nach Hause. Ehe gescheitert, wir redeten nicht, wir schrien nicht, der Schmerz saß einem gegenüber, man hoffte sich kaputt. Warum? Sollte nicht alles für immer sein? Noch ein bisschen Salz in offene Wunden gestreut. Neue Liebe, unentwirrbares Leid. Angst, Stille rast zwischen Harmelen und Maastricht. Zum Heulen.

Denkst du noch manchmal
an das Träumen von einer Wohnung
mit einem Mädchen aus Den Haag
Schallplatten kaufen, eigenes Bett
Bücher mit Geschichten
über weite Reisen
die man einmal machen würde

An die erste Braut
die du erwähltest
mit Jungmänner-Hast
den Bungalow
die Sprossen
die stillen Missverständnisse

Pulverschnee
das Schließen der Fensterläden
frühe Sonnenstrahlen
die wie Müllmänner
Zores
wegbrachten

Es gibt Stellen, wo die Sonne niemals scheint. Da findest du Menschen, die noch einsamer sind als du. Sie schleichen vorbei an weißen Wänden. Starren auf Szenen, die man nur mit Augen berühren darf. Stellen, wo die Sonne eingerahmt ist, und Lokale, wo es nie regnet. Man sieht da Menschen, die mit sich selbst reden, stiller oder lauter nach jedem Glas. Es gibt Plätze, wo es niemals schneit, da findet man sie im Dunkeln. Sie sitzen mit einem Eimer Popcorn auf dem Schoß und starren auf das, was sie hätten sein können. Es sind Menschen wie ich.

Ich beschloss, dass ich das nicht noch einmal erleben musste. Okay, ich hatte mir den Kopf gestoßen, und das hatte mich umgehauen. Ich begann in einem ungestümen Tempo – nach Bambi und Maria Schell und Brigitte Bardot? Nein, das war was anderes – mit der dritten Liebe meines Lebens. Selbst einem Esel könnte so etwas nicht passieren. Um dem Durcheinander zu entkommen, die Ängste loszuwerden, wie zum Beispiel diese: »Gott, ich hoffe, dass ich pünktlich in der Schule bin.« Die schlimmen Träume, die Albträume. Das Auto, der Schrei, der Friedhof. Ich habe, um den Kummer zu bewältigen, ein Märchen, einen Film für über Sechzehnjährige gemacht. Er wurde eine buchstäbliche Wahnvorstellung, handelte von einem Mann, der Realität und Traum nicht auseinanderhalten konnte. Ein Sänger ließ sich wie ich scheiden. Hatte wie ich Todesangst, dass seinem Sohn etwas Schlimmes zustoßen könnte, weil er die Familie verließ. In einem seiner Albträume kam der Junge bei einem Verkehrsunfall um. Der Kleine konnte nur wieder auferstehen, wenn die Zeit faktisch zurückgedreht würde. Wo wohnt der Uhrmacher?

Die Produktion dieses Märchens hat mir damals geholfen, die Dramaturgie meines Lebens wieder auf die Reihe zu kriegen, und das bewirkte nicht zuletzt die folgende Szene.

In dem Film erzählte der Protagonist Vincent einen Witz. Ein Mann hat einen Albtraum. Er kommt auf einem engen

Pfad, hoch in den Bergen, zu einer Schlucht. Er kann nur nach vorn oder nach hinten. Hinter ihm stürzen Felsbrocken herunter. Er kann nicht mehr zurück. Vor ihm taucht aus dem Nichts ein grausiges Monster auf. Der Mann fragt in Todesangst das Monster: »Was muss ich machen?« Das Monster sagt: »Das musst du mich nicht fragen. Es ist dein Albtraum.«

In den Sommern, nach Tourneen, gab es auch die Angst: Werden die Menschen nach dem Urlaub weiterhin kommen und mein Rumgehopse, meine Witze und Grimassen sehen wollen? Werden sie meinen Schmerz ertragen können? Werden sie meine Verse und Erzählungen hören wollen? Und wenn nicht, was dann? Nichts macht mich so glücklich wie Singen. Ich kann mir nicht vorstellen, dass ich das verliere, nicht mehr finden kann.

Ich musste an die Ängste am Anfang denken, als ich neulich in der flämischen Zeitung *De Standaard* den Artikel »Leere Stühle« las. »Kein einziges Ticket war verkauft, und doch hielt der Schauspieler unbeirrt seinen Monolog vor zweihundertvierzig leeren Plätzen. Die Unbeugsamkeit des alten Mannes rührte und verwirrte mich. Was bezweckte er mit diesem Auftritt? Ich hoffe, dass er ihn nicht aus Prinzip absolvierte, sondern einfach aus Einsamkeit.

Wollte er zeigen, dass Zuschauer total unwichtig sind? Wenn das so ist, hat er kein Problem mit dem Applaus. Aber ich stehe trotzdem gerne kurz mal auf für eine Standing Ovation.

Einmal träumte ich, dass ein Saal gefüllt war mit Menschen ohne Augen, Münder, Hände, und mir blieb fast das Herz stehen und ich wurde schweißnass wach.

Natürlich habe ich oft Angst gehabt, auch ohne zwei Minuten am vierten Mai, Krieg gab es immer, wird es immer geben. Die Angst habe ich übrigens noch immer und kann sie nur lindern, indem ich darüber singe und rede. Ich habe auch Angst um die Umwelt, dass das, was kaputt ist, nicht wiederkommen kann. Das Kaninchen nicht mehr aus dem Hut. Wer weiß das schon. Saartje Schwachöfer, die Lektorin der niederländischen Fassung dieses Buches, fragte mich, nachdem sie es gelesen hatte: Hat sich deine Angst durch das Älterwerden verändert? Im Grunde genommen nicht. Sie erscheint in anderen Formen, in anderen Bildern. Es wird nur etwas einfacher, wenn man sagt: Ruhig, runter, sitz, ich hab dich schon verstanden.

Auf unserem Grundstück hinter dem Haus ist ein Wassergraben, den wir, wie es heißt, jedes Jahr verschönern. Dann kommt jemand mit einer Art »Transformer«, einem gefährlichen Greifbagger voller Messer, die die Grabenufer mähen. Es ist schön zu sehen, wie das Wasser nach dem Schneiden seinen Weg findet. Nicht länger aufgehalten durch zu viel Schilf, Gras, Stängel und alles, was einen Graben verstopft. Jedes Jahr vor der ersten Novemberhälfte müssen die Gräben verschönert werden. Das wird von strengen Männern in grünen Stiefel mit verwitterten Gesichtern kontrolliert. Wenn das Schnittmonster verschwunden ist, wird das Wasser in den Gräben sofort klarer. Im März und April sieht man dann, wie das erste Grün die Uferränder färbt. Das Wasser füllt sich mit Gewimmel. Froschlaich wartet, Libellen segeln, Lilien surfen.

Ein Salamander kriecht auf das Ufer. Wohin ich schaue, geschehen Wunder. Das kann kein Buch, kein Film toppen. Darf das so bleiben? Hat jemand Popcorn?

Eines Tages gehe ich mit den Hunden am Graben entlang. Ich denke: Die Gräben sind eigentlich nichts anderes als Därme in einem Körper, sie nehmen auf, sie führen ab. Ich sehe von Weitem, wie ein mir unbekannter Mann eine hoffentlich leere Plastikflasche über den Zaun in unseren Graben schmeißt. Die Hunde rennen bellend in seine Richtung. Der Mann läuft los, steigt in sein Auto und fährt weg. Ich versuche, die Flasche mit einem Zweig aus dem Graben zu fischen. Ich kann es nicht verhindern, dass sich etwas von der orangefarbenen Flüssigkeit mit dem Wasser vermischt. Es ist nicht viel, aber es reicht, um das Wasser in Windeseile zu färben. Ich sehe, wie der größer werdende orangefarbene Fleck langsam weitertreibt und bald bis auf den Boden des Grabens reicht. Als das geschehen ist, hört das Gewimmel auf. Tote Tierchen treiben nach oben. Ein kleiner Autor kann nur noch »Tschüss, macht's gut« auf das Wasser schreiben.

Ich sehe noch, wie unser Biologielehrer in der Oberschule uns zeigte, wie ein paar Tropfen ostindischer Tinte, die man in ein Glas Milch tropfte, das Getränk zu etwas Untrinkbarem verändern konnte. Durch eine minimale Veränderung ist etwas weg oder tot. Alles ist vergänglich.

»Und dann sitzt man in einem Raumschiff«, sagt der russische Astronaut Wladimir Schatalow, »und fliegt weg von der Erde und dringt innerhalb von zehn Minuten durch die Atmosphäre. Ein dünner Streifen Luft. Wie gefährlich ist es, den hauchdünnen Schutz, den Bewacher des Lebens, mit unseren Gasen zu bedrohen?«

Es lag ein Umschlag im Briefkasten mit der Frage, ob ich an einer Aktion gegen Darmkrebs teilnehmen würde. Ich habe die beigefügten Stäbchen in meinen Kot gedrückt und sie abgeschickt. Zwei Wochen danach sollte ich eine Antwort bekommen. Ich habe in der Zeit kaum geschlafen, weil ich nur an die Statistiken denken musste. Gesetzt den Fall, dass ich – aber es liegt nicht in der Familie, oder doch? War es nicht Tante Jans, die ...? Oder Onkel Harm? Hätte ich nicht weniger trinken sollen? Pupsen? Kein Brot mit harten Rändern essen dürfen? Discounter-Leberwurst links liegen lassen müssen? Nicht so nach Atem ringen?

Ich gehe zum Briefkasten. Zwischen den Zeitungen finde ich die Antwort. Entwarnung. Nach drei Jahren melden sie sich wieder. Kann ich jetzt ruhig schlafen?

Ich gehe erleichtert spazieren. Vorbei am jetzt relativ gesunden Graben. Direkt zur Bahn. Auf einem Elektrizitätshäuschen lese ich, mit großen Buchstaben gesprayt: »Wer keine Angst hat, ist verrückt.«

Erzähl mir
lieber nicht
wie weit und breit
das Meer dort ist
wie hoch die Bäume
die Berge
wie fremd die Städte
und die Menschen sind

Ich will neben dir stehen
wenn du
das alles siehst

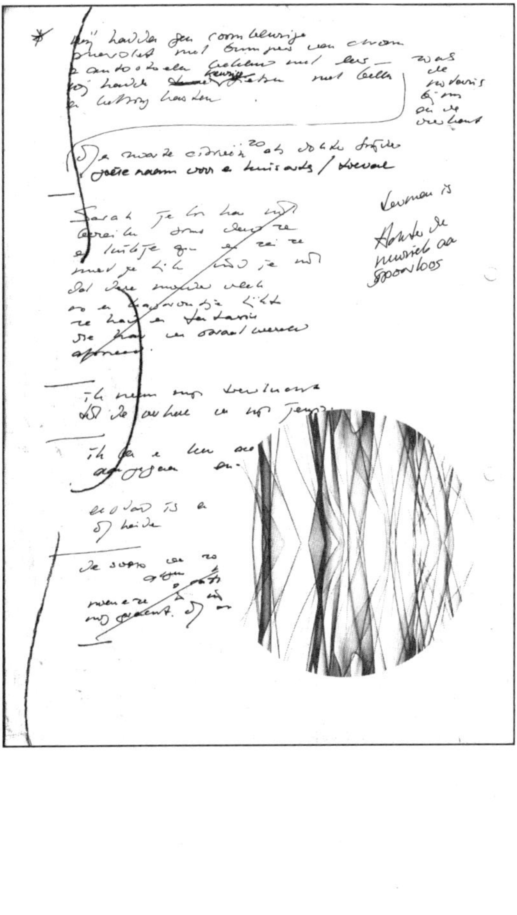
goede naam voor een huisarts / toeval

Als ich zum ersten Mal meine Geige vergaß

Wir sind
seit vierzig Jahren
ein Sofa-Paar
so wie zwei Tulpen
in einem Marmeladenglas

Katze auf dem Schoß
eingerahmtes Glück

auf dem Küchentisch
die Welt
die Zeit
die Bravo
nie wollen wir
nach irgendwo

Im Fernsehen läuft Terror
der so aussieht
wie im Kino
ein Moderator meint
ein blonder Meteor
rast auf uns zu

Die Deutschen können wieder weinen
behauptet ein Professor

In einer Talkshow
sagt ein Pornostar
ich spiele mit
als wäre ich nicht da

Morgens ist die Hölle los
im Kaufhaus

Während wir gemeinsam gehen
schauen wir auf unsere Telefone

Schleppen währenddessen Plastiktüten
voller Sonderangebote

SMSen
du
mir tun die Knochen weh

Morgens ist die Hölle los
im Kaufhaus

Während wir gemeinsam gehen
schauen wir auf unsere Telefone

Schleppen währenddessen Plastiktüten
voller Sonderangebote

Appen
Du, wo bist du eigentlich?
Schatz, wie immer,
hinter dir.

Zwei Uhr, ich liege im Bett, nachdem ich festgestellt habe, dass meine Brustmuskeln noch verkrampfter sind, als ich dachte. Ich bin nach dem Abendessen einen steilen Weg hinaufgegangen, ungefähr dreihundert Meter. Mit jedem Schritt verkrampften sich meine Brustmuskeln immer mehr. Zum Glück verspürte ich keinen Druck auf der Brust. Meine Schultern sind nach vorn geneigt durch das viele Geigenspielen, durch das Schreiben – dieses Buch zum Beispiel schreibe ich noch aufrecht sitzend in endlosen Stunden mit einem Good-old-Bleistift – und durch das leicht vornübergebeugte Singen vor einem Mikrofon. Was zusammengekrümmte und dadurch schmerzhaft ziehende Brustmuskeln zur Folge hat. Ich liege im Bett und mache mir Sorgen. Und wenn es doch dein Herz ist, flüstert eine Stimme in meinem Kopf. Dass du durch verkalkte Adern da zu wenig Sauerstoff kriegst. Ich denke zur gleichen Zeit relativierend: Die Essenz des Lebens ist, dass es zu Ende geht. Und doch spüre ich einen Stich. Ich mach mir klar, dass ich Glück hatte. »Du da in meinem Kopf, halt den Schnabel.« Verdammt noch mal, ich will nicht, dass mein Leben schon zu Ende geht. Die Ewigkeit könnte noch ein bisschen warten, die dauert noch lang genug. Ich beschließe, dass es Muskelkater sein muss. Knüpfe im Schlummerzustand eine Kette aus großem und kleinem Glück.

»Glück ist das herrliche Gefühl, bei dem kurz mal alles am richtigen Platz ist, der Moment, in dem alle Windungen und scharfen Ränder des Lebens verschwunden zu sein scheinen. In diesen oft kurzen Blitzen von echtem Glück ist jeder Gedanke, der in dir aufsteigt, angenehm«, schreibt Mo Gawdat in seinem Buch *Die Formel des Glücks.*

Großes Glück, zweiundzwanzig Jahre, ein Haus mit Papa und Mama, eine Straße, eine Schule, ein Radio, Geschichten. Kleines Glück, Eisblumen auf den Fensterscheiben wachsen zu sehen. Großes Glück, Kinder zu bekommen, ein eigenes Haus, einen Garten, Geigespielen, Singen, Malen, Schreiben. Kleines Glück, neue Saiten. Großes Glück, gesund zu sein, alte Freunde und Orte, in denen du warst, wiederzusehen. Kleines Glück, Fische zu sehen, die alle gleichzeitig wie durch ein Zauberzeichen nach rechts, links und nach oben schwimmen.

Einer, der es studiert hatte, sagte mir einmal, dass alle Fische dem dicksten hinterherschwimmen. Der dicke weiß, wie sein Umfang zeigt, wo es etwas zu futtern gibt. Ich halte nichts von dieser witzigen Erklärung. Ich denke, dass es genauso wie bei den Blättern an den Bäumen ist. Ein unsichtbarer Wind lässt sie sich alle gleichzeitig bewegen. Und unter Wasser, denke ich, werden es die für Menschenaugen nicht wahrzunehmenden Strömungen sein.

Manchmal bewegen sich unsere Hunde genauso synchron wie die Fische. Sie hören dann offensichtlich alle beide im selben Moment dasselbe Geräusch oder riechen alle beide gleichzeitig das Häufchen des Hundes, der zehn Minuten vor uns durch den Grünstreifen schnüffelte. Es rührt mich, wenn ich das sehe. Die eleganten Schwäne können das auch. Als ob irgendwo ein verborgener Dirigent steht und winkt, nach links, nach rechts. Unterbreche das Schreiben, höre das Öffnen einer Weinflasche, alle Hermänner im Zimmer erheben sich jetzt zur gleichen Zeit.

Kleines Glück ist auch, zu sehen, wie ein Fräulein flache Teller, nur einen Fingerbreit vom Tischrand entfernt, mit einem Abstand von ungefähr fünfzig Zentimetern voneinander auf deinen Tisch stellt. Wie sie danach vorgewärmte tiefe Teller stilvoll auf die Unterteller setzt und sorgfältig und speziell gefaltete Stoffservietten danebenlegt. Danach das Besteck, Gabeln links vom Teller, Messer rechts und dann einen Suppenlöffel.

Ich habe das Glück, sie sagen zu hören: »Guten Appetit.« Und dass sie sich dann zu mir setzt.

Großes Glück, in der Größenordnung von Massel, hatte ich, als die Direktionssekretärin des Konservatoriums sagte: »Herman, Herr van Neste möchte dir keine Geigenstunden mehr geben, nicht weil du kein Talent hast, sondern weil du nicht übst. Er hält dich für eine Zeitverschwendung. Und stimmt es, dass du bei der letzten Geigenstunde deine Geige vergessen hattest? Wie ist das um Himmels willen möglich?« In der Stille nach ihrer Frage sehe ich mich wieder als jungen Mann mit der Geige auf dem Rücken durch eine stille *Prins Hendrikslaan* gehen, benannt nach Prinz Hendrik, dem Gemahl von Wilhelmina, Königin der Niederlande. Ich gehe pfeifend am Rietveld-Schröder-Haus vorbei, auf halbem Wege überquere ich die Straße und denke dabei an Kindjeshaven Nummer 4, das war im Krieg eine Kinderkrippe, in der viele jüdische Kinder in Sicherheit gebracht wurden. Ich sehe das hohe Haus mit der Nummer, die sie mir gab. Alma öffnet die Tür, sie lächelt. »Da bist du ja«, sagt sie leise. Ich habe sie im *Offenen Tisch* kennengelernt, einem Restaurant für Leute mit wenig Geld, einem Selbstbedienungsrestaurant unter dem Rathaus in Utrecht. Ich stand da als Student hinter einem Buffet und musste die Vor- und Nachspeisen auf die Teller bringen. Ich hatte sie schon ein paarmal gesehen, schätzte sie auf Mitte zwanzig, dunkles halblanges Haar, hellbraune Augen. Was könnte sie sein, was würde sie tun? Studierte sie noch? War sie Krankenschwester, Lehrerin, Sekretärin? Eines Abend fragte sie: »Du studierst doch am Konservatorium? Könntest du mir nicht Klavierunterricht erteilen? Ich habe ein Klavier geerbt, ich würde gerne darauf spielen.« Ich studierte im Hauptfach Geige und im Nebenfach Klavier. Ich fand mich gut genug, ihr die Klavierstunden geben zu können. Ich würde ihr ganz einfach beibringen, was ich gerade gelernt hatte. Ich sagte zu.

»Wie machen wir das mit der Bezahlung?«, fragte sie beim ersten Mal. »Ich meine, was kostet dein Unterricht?« Ich hatte keine Ahnung. Ich überlegte mir einen Betrag, aber bevor ich ihn nennen konnte, sagte sie einfach: »Kann ich auch mit Küsschen bezahlen?«

Nach fünf Stunden hatte sie noch nicht bezahlt, ich fing an, mir Sorgen zu machen. Nach sieben Stunden war es so weit: »Wenn du jetzt kurz mal zum Duschen gehst, kann ich dich danach bezahlen. Nimm den Bademantel.« Mir wurde ganz warm. »Vergiss gleich deine Geige nicht, du hast sie an die Garderobe gelehnt.«

Die Dusche war gegenüber der Küche in einem kleinen Badezimmer. Alles war wie in einem Hotel, Waschbecken, WC, Bidet, Dusche. Über dem Waschbeckenrand hing ein fein säuberlich gefaltetes Handtuch für mich. Als ich kurz danach frisch gewaschen in einem viel zu großen Bademantel vor ihr stand, lud mich Alma in ihr Schlafzimmer ein. »Den hättest du eigentlich nicht anziehen brauchen«, lächelte sie, während sie ihn kurz berührte. »Was sollen wir machen? Wie viele Küsschen kriegst du pro Klavierstunde? Was hältst du von vierzehn?« In Windeseile rechnete ich und dachte, mir stünden achtundneunzig Küsschen zu.

Alma ging ins Wohnzimmer. Sie legte eine Schallplatte mit Schumanns »Kinderszenen« auf, spielte sie etwas lauter ab als das Straßengeräusch. Als sie kurz danach ins

Schlafzimmer kam, trug sie nur noch ihre Brille. »Leg dich mal auf den Bauch, Klavierlehrer.« Kurz darauf wurde ich Opfer einer zärtlichen Quälerei. Ich fühlte achtundneunzig Küsschen, wie heiße Schneeflocken, von Kopf bis Fuß auf meine Rückseite fallen. Anstatt alle Segnungen zu genießen, lag ich da und hoffte, sie würde sich bei den Küsschen verzählen und sagen: »Dreh dich mal um.« Da läutete das Telefon.

»Hallo?« »Herman, Herman.« Ich schreckte aus meinen Gedanken auf und sah, wie eine kleine Spinne über den weißen Kragen der Bluse der strengen Direktionssekretärin Fräulein von Hilten krabbelte und mit den Gedanken an Alma zwischen ihren Brüsten verschwand.

Ich dachte einen Moment daran, ihr die ganze Geschichte von Alma zu erzählen. Ich tat es nicht. Suchte nach Gründen. Ich will zwar lernen, aber ich habe keine Zeit, wer versorgt denn sonst meine blinde Mutter, meine sieben Schwestern und Brüder, wer kümmert sich um meinen Vater, der mit Tuberkulose und ohne die amputierten Beine in dem zugigen Schuppen hinten in unserem Garten liegt? Das hätte ich natürlich zu meiner Verteidigung sagen können, aber es war nicht so. Meine Mutter war eine lebhafte, mollige, meistens bügelnde, Oberhemden stärkende, kochende, gemütlich Kaffee trinkende Frau. Mein Vater, ein fröhlich pfeifendes, hart arbeitendes Mitglied der Partei der Arbeit und Radfahrer. Meine beiden Schwestern, zwei Molkereifotomodelle aus einer Butter-, Käse- und Eierwerbung. Nein, ich strengte mich einfach nicht genug an. Auf Wiedersehen, Concertgebouw, goodbye Carnegie Hall. Ich weinte Krokodilstränen. Es blieb mir keine andere Wahl, als zu singen. Als mir das damals klar wurde, habe ich größtenteils aufgehört zu reden. Ich weiß noch, dass ich in der

Nacht nach Fräulein von Hiltens Mitteilung träumte, von Geigen gejagt zu werden.

Ich rannte über den Domplein zum Janskerkhof. Nach rechts zur Schouwburg, wo es mir gelang, die Geigen zu täuschen, bis sie im Orchestergraben saßen und wimmerten, bis ich anfing zu singen und sie mich nach einem Weilchen begleiteten. Was für ein Glück.

Warum habe ich damals nicht begriffen, nicht gesehen, was in meinem kleinen Dachbodenzimmer in meinem Bücherschrank stand? Ich war doch oft genug dort. Suske en Wiskes, Sjors en Sjimmies, Kuifjes, Kapitein Robs, Erik de Normannen, Jules Verne, ein Ordner mit ausgeschnittenen und eingeklebten Volksliedern und einer mit Witzen von Max Tailleur und Tom Manders.

Der Verkäufer: »Gnädige Frau, dieser Staubsauger erspart Ihnen die Hälfte Ihrer Arbeit.« Die Kundin: »Toll, dann nehme ich zwei.«

Das grüne »Fluitketeltje fluit« von Annie M.G. Schmidt, das kleine *Prisma liederenboek, de Spiegel van de Nederlandse poëzie,* Piet Paaltjens *Snikken en grimlachjes,* die Balladen von Villon, meine ganze Zukunft stand da ordentlich aufgereiht. In meinem ganzen Zimmer hing kein Bild, gab es kein einziges Buch über Geigen und Geiger. Wirklich nicht? Und die Ansichtskarte von dem Zigeuner mit einer Geige unter seinem Arm? Der auf einem Treppchen seines Wohnwagens sitzt und mit einer Zigarette im Mund so seltsam glücklich in die Ferne schaut? Ich denke an das Zimmer meiner Tochter Anne, da hingen an den Wänden lauter schöne, nicht angezogene Mädchen. Und doch war ich erstaunt, dass sie, wie ihr Vater, auf Frauen steht.

Beim Pflücken eines Blumenstraußes stürzte er durch das Gewicht seines Harnischs in den Graben. Beim Ertrinken warf er noch aus dem Wasser den Strauß seiner Geliebten zu und rief: »Vergiss mein nicht.«

Eine kühle Brise
wir hörten sie

und sagten nichts
sie landete in der Ferne

wir standen auf
und sagten Tschüss

Vergissmeinnicht, man findet sie in lockerer Erde auf Plätzen im Halbschatten. Früher benutzten die Menschen das Pflänzchen als Mittel gegen Tuberkulose, jetzt trifft man sie manchmal in einem vornehmen Restaurant als Streusel auf dem Salat. Meine Oma machte Tee daraus, den man nach einer Grippe trinken musste.

Nehmen wir mal an, dass Vergissmeinnicht-Blümchen eine Stimme hätten, und nehmen wir außerdem mal an, dass ich darüberging. Wie müsste die Stimme dann klingen?

»Alles ist gedacht, gesagt, getan, aber niemals ist es zu spät, um lieben zu lernen«, sang der Mann mit dem witzigen Vibrato. Die Ballade von Sjaan und Sjors über eine abbröckelnde Liebe. Den blauen siebenten Himmel über der Kirmes, die Fanfare, die Fahnenträger, die in einem die Sehnsucht nach einer kurzen Hose und einem Ballon erwecken.

Musenmann Toon Hermans vermied jeden Schatten. In seinem Kosmos herrschte nur Sonnenschein. Der Höhepunkt seines Programms war für mich seine Nummer mit dem drittklassigen Zauberer, der bei einer Probe seine Taube aus Versehen tot gezaubert hatte. Der Saal brüllte vor Lachen. Ich kaufte meine erste LP, sie hieß *Tien Toon* und war schwarz glänzend. Ein lachender Mann sieht mich an bis zum heutigen Tag.

»Bitte ein Sträußchen Toon Hermans, sorry, ich meinte Vergissmeinnicht.« Nein, es ist für mich. »Haben Sie Geburtstag?« »Nein.« »Prüfung bestanden?« »Nein.« »Haben Sie in der Lotterie gewonnen?« »Nein.« »Opa geworden?« »Nein, ich bin glücklich.« »Oh.«

Der Stuhl am Tisch
am Fenster
am Bett.

Der Stuhl auf dem Strand
der Bühne
im Flur.

Der Stuhl hinter dem Büro
dem Küchentisch.

Der Stuhl in der Mitte
vorne und
hinten.

Der Stuhl besetzt
reserviert
und frei.

Der Stuhl auf dem Bürgersteig
beim Müll.

Der Stuhl neben der Tür
an der Ecke.

Der Stuhl
neben mir.

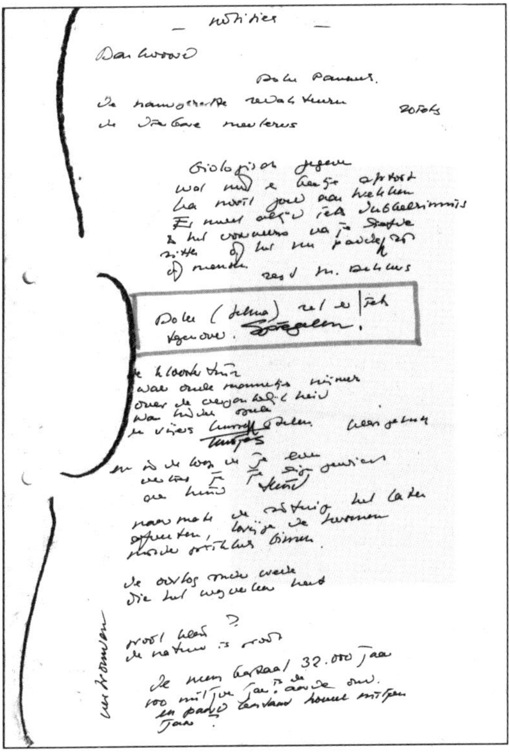

– notities –

Dankwoord

[illegible]

De [illegible] 20 foto's

de [illegible]

Biologisch jagen

[illegible]

zegt M. Dekkers

[illegible]

De oorlog [illegible]

[illegible]

groot [illegible] ?

de natuur is groot

[illegible] 32.000 jaar

100 miljoen jaar [illegible]

[illegible] miljoen jaar.

Das Treffen

Die Gitarristin Edith Leerkes und ich sind sehr stolze Eigentümer eines echten Kunstzentrums auf dem Landgut De Paltz, im Norden von Utrecht. Wir besitzen da eine Anzahl von Gebäuden mit Grund, umgeben von hundert Hektar Natur. Wir organisieren in der Soester Landschaft Vorstellungen, Konzerte, Lesungen und Seminare. Man kann da stundenlang spazieren gehen. Wir schenken den Spaziergängern und anderen Besuchern Kaffee, Tee und Limonade ein. Und servieren, wenn es gewünscht wird, den zweitbesten Apfelkuchen der Niederlande. Der beste wurde von meiner Mutter gebacken.

Im Frühling vergangenen Jahres gab es ein Wiedersehen ehemaliger Studenten des Utrechter Konservatoriums, die Jahrgänge sechzig und siebzig des vorigen Jahrhunderts.

Es ist herrliches Wetter. Ich bin viel zu früh gekommen. Lese bei einer Tasse Kaffee in unserem Grand Café Gaëtane in einer Zeitungsbeilage eine Geschichte über Real Dolls, Liebespuppen. Ich erinnere mich jetzt an ein Interview, in dem der Bühnenkritiker Hein Janssen einen Kabarettisten und Autor zitierte: »Sex ist ein einsames Gesprächsthema. Es klebt noch immer ein bisschen Widerwillen und Scham daran.«

Monica ist aus Gummi und medizinischen Silikonen, einen Meter fünfundsechzig groß. Hat extrem langes Haar, je nach Wahl, türkis, irisch rot, nachtschwarz oder Marylin-blond. Ein Engelsgesicht mit einem Pflaumenmund. Sie trägt schwarze Unterwäsche und Stöckelschuhe. Ihre Vagina ist achtzehn Zentimeter tief, erfahre ich, und herausnehmbar, kann in den Geschirrspüler mit den Tassen, Schüsseln und den Löffeln. Ihr Anus, sechzehn Zentimeter, darf hinten in den Geschirrspüler.

Irgendwo habe ich auch mal aufgeschnappt, dass Seeleute, die auf großer Fahrt waren, für solche Bedürfnisse eine Planke mit einem Loch benutzten, bei dem die genaue Zentimeterzahl keine Rolle spielte, aber das nur nebenbei.

Laut eines interviewten Puppengängers fühlt sich Monica an wie eine warme Leiche. Man kann nicht mit ihr reden. Das würde die Illusion nur stören. Draußen im Auto wartet oft, wie ich lese, die Frau des Kunden, während er inzwischen aufgewiegelt von einem Pornofilm auf einem Großbildschirm in seine »echte Puppe« ejakuliert.

Ich werde beim Lesen bedrückt und angesprochen von zwei mir total unbekannten Hochbetagten. »Ha, der Herman«, sagen sie. Ich zermartere mir das Gehirn, habe aber keine Ahnung, wer sie sind und was sie mit dem Artikel, den ich gerade lese, zu tun haben.

Es tauchten an jenem sonnigen Tag achtzig Ehemalige auf, eine Zahl, die übrigens auch ihrem Altersdurchschnitt entsprach. Nach kräftigem Schulterklopfen, festem Händeschütteln und Umarmungen, Kaffee, Tee und Limonade ging es los mit den Geschichten. Ich hörte Storys über Heiraten, noch einmal Heiraten, Fremdgehen und Alleinsein, Überflüssigkeit, Kinder, Gerichtsvorladungen und Mahnungen, Entlassungen, Pleiten, unheilbare Krankheiten, falsche Freunde, Musik, Umherziehen, unbeantwortete Lieben, erreichte und verpasste Karrieren, Tote und Scheidungen.

Dann erzählte sie mir
davon, dass sie
und dann sagte ich: Ja ja
und erzählte, dass ich
und sie sagte: Ja ja.
Und dann erzählte er es einfach nicht mehr
und dann erzählte sie es einfach nicht mehr.
Dann wurde es still
und ängstlich und dunkel
und wir sind danach auf die Suche gegangen
nach anderen Ohren.

Da war Harm, glaube ich. Er hatte seinerzeit Orgel studiert. Er erzählte, dass sein Leben voller Wanderjahre gewesen war, die ihn von Kirche zu Kirche gezogen hatten. Ich erinnere mich, dass er von seinen Eltern aus, Landwirten in Brabant, einem Kloster versprochen worden war, dann aber – weil das Kloster abbrannte – wegen Platzmangel abgelehnt wurde. Er musste also zurück auf den Bauernhof der Eltern. Die fanden aber, dass er unter allen Umständen seiner Berufung folgen sollte. Zu ihrem großen Kummer, vor allem dem der Mutter, sagte er, dass er Organist werden wollte. Aus seiner Sicht war das eine perfekte Alternative. »Mutter«, soll er gesagt haben, »glaub an die Vorsehung, ich will Gottes Organist werden.« Er suchte sich eine Unterkunft in Utrecht, nahm Orgelstunden, hatte Erfolg und schrieb sich fünf Jahre danach am Konservatorium ein. Nach dem Studium ließ er sich engagieren, mal hier, mal da. »Ich habe mich bis auf den heutigen Tag noch keine Sekunde gelangweilt. Ein herrliches Leben. Ich hätte gerne einen Partner gehabt, aber ich konnte nie bleiben. Immer rief mich schon wieder eine Orgel, ein Seemannsleben. In jeder Stadt ein Schätzchen. Ich komme gerade zurück von den Philippinen. War in Manila. Da gibt es am Rande der Stadt eine Orgel aus Bambus. Du traust deinen Ohren nicht, Bach auf hundertzweiundzwanzig Panflöten.« Er schlug mir auf die Schulter, dass es wehtat und ging zu einem augenbetäubenden philippinischen Mädchen.

»Ach, was soll ich sagen, ich träumte von einem Leben als Konzertmeister, es hätte nicht mal beim besten Symphonieorchester sein müssen. Schließlich kam ich nicht weiter als zum ersten Pult der zweiten Geigen in einem regionalen Orchester, das übrigens aufgelöst wurde, wodurch ich zwei Jahre früher pensioniert wurde. Jeder Vorteil hat seinen Nachteil, sollte man denken, oder war es umgekehrt?« »Wie lange hast du da gearbeitet?«, fragte ich ihn. »Zweiundreißig Jahre. Ach Herman, wenn man mit der Arbeit aufhört, hört man auch mit sich auf. So eine Rente ist ein Unglück. Von dem einen auf den anderen Tag sitzt man vor einer großen unsichtbaren schwarzen Wand. Ich habe noch ein paarmal versucht, eine Stelle zu bekommen. Es gab eine Vakanz beim Concertgebouw, aber als ich sah, wie viele japanische, koreanische und russische fingerfertige Geiger sich bewarben, bin ich einfach nach Hause gegangen. Herman, mit unserem Violinexamen, das wir beide damals abgelegt haben, würde man heute nicht einmal mehr vom Konservatorium angenommen werden. »Und jetzt?« »Ja, was jetzt?«

Ich frage mich, ob ich schon jemals mit jemandem gesprochen habe, der mit seiner Rente zufrieden war? Mir fällt niemand ein. Ich schrieb einmal, nach einem Gespräch mit meinem Buchhalter: Das Leben geht weiter, hoffentlich nicht zu lange, denn Zeit ist Geld.

Mein alter Freund sah mich an. »Dich brauche ich nicht zu fragen, wie es dir geht, das verfolgen wir im Fernsehen und in der Zeitung.« »Kinder?«, fragte ich. »Hast du Kinder?« »Drei, zwei Söhne und eine Tochter. Die Tochter ist von meiner ersten Frau, sie spielt auch Geige, besser als ihr Vater. Meine beiden Söhne stecken in der Pubertät, Spätentwickler.« Ich wollte sagen: »Aber dann hast du ...«, verschluckte aber meine Worte, als ich sah, wie traurig er aussah. Es taucht in mir eine Zeile aus Erik Scherders Buch *Singing in the brain* auf, das ich zum Geburtstag von meiner ältesten Tochter bekam. Der Neuropsychologe Scherder zitiert auf Seite 145: »Ella Fitzgerald: Das Einzige, das besser als Singen ist, ist mehr zu singen.« Auch ich kann mir ein Leben ohne nicht vorstellen. Wie reizend die Kinder, die Enkelkinder, meine Frau, Freunde, Hunde, der Garten oder Netflix auch sein mögen.

Aus dem Schatten der Bäume trat wie in einem Bühnenstück von Tschechow eine Frau ins Tageslicht. Ich erkannte sie nicht auf Anhieb. Sie schien so viel jünger zu sein als all die Achtzigjährigen. Nein, Lidewij? Wer war damals nicht in sie verliebt gewesen? Lehrer, Studenten, Männer, Frauen. Sie studierte Piano. Besser gesagt, machte Piano. Grüner Hut, knallrote Jacke, blauer Rock. Das passt farblich nicht, würde man denken. Tja, bei ihr schon. Es wurde still um uns, auch die Vögel schauten hoch. »Hi«, sagte sie. »Hi«, sagte ich. »Lange her.« »Lange her.« »Und?« Sie lächelte. »Ach, Herman, du bist zwanzig, zwinkerst mit den Augen, und schon stehst du hier im Wald und wirst siebzig.«

»Ha, der Jan, Mann, du hast dich überhaupt nicht verändert.« Und wieder bogen wir uns vor Lachen. Mit Jan wurde gelacht, bis auf den unvergesslichen Tag, als wir hörten, dass die Beatles auseinandergingen. Ich sehe uns noch wie zwei jaulende Hunde vor dem Plattenladen stehen.

Mia war nicht da. Koos sagte, dass sie mit fünfzig verrückt geworden war und jetzt irgendwo in einem Heim in der Nähe von Nunspeet lebte.

Tristan war auch nicht da. Und Frans nicht. Der war hinter seiner Tuba bei Beethovens Siebenter gestorben. Beim Liebsten, was er tat, mitten im Takt 1224. Und niemand merkte, dass es seine letzten Atemzüge waren.

Hinter denselben Hausnummern
wohnen jetzt andere Kinder
mit anderem Rotz
in den Nasen

Mit anderen Geistern
im Kopf
und Socken
auf halb acht

Da schlürfen andere
Väter, Mütter
Gemüsesuppe
da warten andere künstliche Gebisse
in Gläsern
auf anderen Nachtschränkchen
andere blitzsaubere Mütter
mit Wischlappen und dicken Hintern
in großen Unterhosen
babyrosafarbenen BHs
die nach Bohnerwachs riechen

Da sitzen andere Mütterchen
mit wackelnden Köpfen und zitternden Händen
zwischen Pflanzen und Vorhängen
eingesperrt von der Erinnerung

Andere geschwätzige Spießer
die durch die Türspione schauen

Da träumen andere Mädchen
von anderen Tarzans
da spielen andere Jungen mit sich
vor anderen Brigitte Bardots

Da wohnen
ein anderer Nachbar
und Nachbarin
mit anderer Schmutzwäsche

Da machen Klatschweiber
aus anderen Mücken Elefanten
in dieser Straße
gibt es kein Später mehr
zum Verbummeln

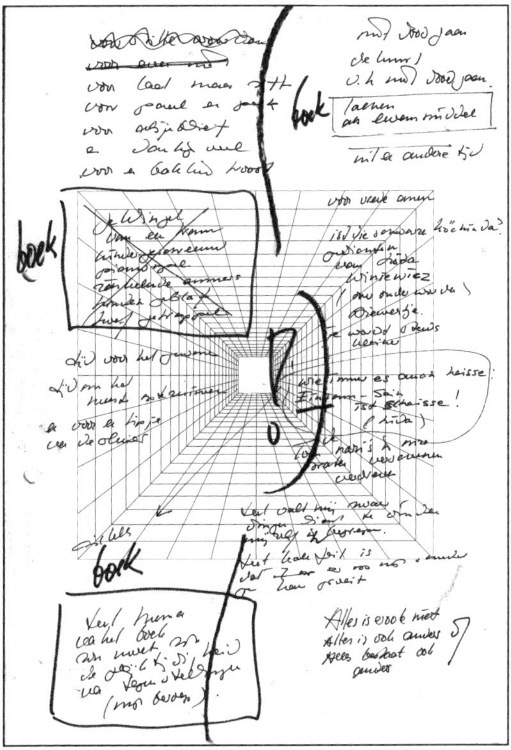

boek
boek
boek
Alles is ook niet
Alles is ook anders
Alles bestaat ook anders

Glücksstoffe

Wenn ich nach einer Tournee in einem fremden Land nach Hause komme, dann versorge ich nach einer Runde »Hallos«, Umarmungen und »Wie geht's?« die Pflanzen. Das ist eine meiner kleinen Aufgaben im Haushalt.

Wir haben nicht viele. In der Küche steht ein fröhlicher großer Farn. Im Badezimmer gibt es zwei Pflanzen mit schuhlöffelartigen Blättern, deren Namen ich nicht kenne. Und in der Diele stehen einige Fettpflanzen, die meine Mutter früher mit einem Lederlappen einmal wöchentlich Blatt für Blatt sauber streichelte.

Während ich spritze und gieße, rede ich gern mit den Pflanzen. Nicht dass sie mir etwas erwidern, aber irgendwie glaube ich, dass sie mich auf ihre eigene pflanzenartige Weise verstehen. Mein Vater machte das auch.

In unserem kleinen hohen Haus in der Utrechter Straße standen seinerzeit Pflanzen nur in unserem Wohnzimmer und in der guten Stube. Im Wohnzimmer standen eine stolze Alocasia, eine Skelettblume und in der guten Stube eine Reihe Allamanda-artige Pflanzen. Die Alocasia nannte mein Vater »Fräulein Gerson«, die Pflanzen auf der Fensterbank nannte er »meine Lümmel«.

Ich habe einmal gehört, wie er sagte: »Ihr Lümmel, würdet ihr bitte heute nicht ganz so wild wachsen, Frau Mutter hat heute den Vater verloren.«

Pflanzen tun ziemlich viel für uns. Sie liefern Nahrung, Energie und Sauerstoff. Ohne sie würden wir das kommende Wochenende nicht erleben. Der Mensch verfügt, so schreiben Stefano Manculoso und Alessandra Viola in ihrem Buch *Die Intelligenz der Pflanzen* über eine Handvoll Sinne. Eine Pflanze auch. Aber daneben noch über mindestens fünfzehn andere. Pflanzen warnen einander mit Duftstoffen vor Feinden wie Pflanzenfressern oder Bulldozern. Sie bilden mit ihren Wurzeln enorme Netzwerke. Sie kommunizieren mit Vögeln, Insekten und miteinander über ihren Lebensraum. Die Pflanzen in unserem Haus sind nicht strohdumm und sehr viel klüger als die Couchgarnitur.

Ich musste mir neulich einen Weisheitszahn ziehen lassen. Hatte den Eingriff so lange wie möglich hinausgezögert. Ich habe, solange ich lebe, Angst vorm Zahnarzt. Eine Angst, die in der Grundschule begann, als die Ärzte noch Treppenbohrer hatten und nicht oder kaum betäubten und wenn, dann mit einem Vorschlaghammer. Mein Zahnarzt, damals in den Fünfzigerjahren, hatte einen Schnurrbart, so einen wie auf alten Bildern und in dem alten niederländischen Lied »Er hat einen Bart, einen großen Bart«. Als ich in seinem Zahnarztstuhl saß und schrie oder auch nur kurz »au« rief, brummte er: »Stell dich nicht so an, mein Junge.« Er soll eines wissen: Ich habe mein Leben lang brav geputzt, Zahnseide angewandt und zahngestochert, nur um solche brutale Zahnärzte zu vermeiden. Na schön, dieser Zahn musste raus. Während unserer kurzen Konversation vor der Kneifzange fielen Wörter wie Betäubung, Wurzelkanalbehandlung. »Für die Zeit, die Ihnen noch verbleibt, können Sie ohne diesen Zahn prima auskommen«, murmelte der Zahnarzt noch. Dass der Mann an meinen Zähnen sehen kann, wie lange ich noch lebe, ich will es nicht wissen, werde es schon sehen in einem Film mit Open End. Als ich kurz danach mit einem Weisheitszahn weniger nach Hause fuhr, musste ich an das Wörtchen »Wurzel« denken. An die Penne und den Terminus aus der Heilkunde mit zwei nicht genau gleichen Bedeutungen. An den Anfangspunkt einer Baumstruktur, an einen flämischen Platz in der Gemeinde Hoogstraten, an das wahrscheinlich letzte Bild von Vincent van Gogh und natürlich an Willie Wurzel, den Erfinder in *Donald Duck*, der in Deutschland Daniel Düsentrieb heißt.

Ich stamme ab von einem Mann, der Angeln, die Revue »Ehrlich ist ehrlich« und meine Mutter liebte, eine Frau, die es ihrerseits liebte, wenn es schön ordentlich war, kurz gesagt, mit gemütlichem Kaffee und Edith Piaf.

Er, der Sohn eines christlichen Handelsvertreters in Gerüchen und Geboten und einer Schifferfrau. Sie, die Tochter eines durch Genever verarmten Zigarrenproduzenten und einer Schneiderin.

Ich bin verzweigt mit gemütlichen Tassen Kaffee, einer Scheibe Leberwurst, Grieben, Klinker, Bordsteinen, Putten, Laternenpfählen, Spülen und Kübeln, knarrenden Treppenstufen, Handtuch und Putzlappen, Schmorbraten, drinnen sein, bevor es dunkel wird, Haut auf der Milch, Büstenhaltern, Bleistiftanspitzern, Eheringen und Hüftgürteln, Tee, warmer Milch und Orangeade.

Dem Bürgersteig, dem Fahrrad, dem Bus, dem Dankeschön und dem Darf-ich-bitte-noch-etwas-Lesen.

Ich muss nach New York. Kann vor der Abreise meinen Reisepass nicht finden. Dachte, dass ich ihn auf das Küchenbrett hinter die Kupfervase gelegt hätte. Hatte ich nicht. Er ist nicht in meiner schwarzen Dimago-Einkaufstasche, die ich immer vollgepackt mit mir herumschleppe. Nicht in der Innentasche eines Mantels oder eines Sakkos.

Wo ich auch suche, kein Pass. Ich taste mein Gedächtnis ab, denke zugleich, wo steckt eigentlich in meinem Kopf das Gedächtnis? Wo genau in meinem Gehirn? Hat es einen festen Platz? Ich vergesse die Frage und suche verzweifelt weiter. Ich finde meinen Pass schließlich im Handschuhfach meines Autos, in dem alles längst zur Abreise fertig ist.

Wenn auch meine Haare nach innen wachsen, wie mein Vater einmal scherzte, dann müssen sich ihre Wurzeln in der Luft befinden. Dann wachsen meine Haare durch mein Gehirn, meine Gedanken. Kräuseln sie sich durch und um die fleischgewordene Walnuss, in der alles, was ich weiß und noch nicht weiß, einstweilen ordentlich aufbewahrt ist.

Im Flughafen Schiphol kaufe ich ein Buch über unser Gehirn, es steht in den Top Ten, was bist du, was sollst du ohne Gedächtnis. Ich lese, dass das Gedächtnis im Gehirn, wie mein Reisepass, keinen festen Platz hat. Es gibt keine zentrale Station, keinen festen Punkt, wo das ganze Gedächtnis mit all seinen Erinnerungen in einem kleinen Fach oder Kästchen gespeichert ist. Es gehört offensichtlich zur Quantenlogik. »Dein Fahrrad zum Beispiel«, sagt der Autor, »wird gespeichert als ein Zusammenhang von einem Scheinwerfer, Vorderrad, Kettenkasten, Gepäckträger, Dynamo, dem Klingeln der Fahrradglocke und dem schönen Radausflug in Österreich vor ein paar Jahren. An verschiedenen Stellen also. Und doch kann man ›das Gedächtnis‹ in groben Zügen an ein paar Stellen im Gehirn koppeln. Am Temporallappen, dem Hippocampus und der Amygdala, um es in der Erwachsenensprache auszudrücken.«

»Das ist mir zu hoch«, würde unsere Nachbarin sagen.

Ich stehe auf, um nachzusehen, ob das Flugzeug pünktlich abfliegen wird. Als ich mich wieder hinsetze, sehe ich eine

Frau, die auf einem lachsfarbenen Handy appt. Die Farbe lässt mich an Gerda denken.

Wir sollten am Osterturnier teilnehmen, 1957. Wir hatten genau elf Mann, inklusive Gerda. Wir sahen stark aus: schwarze Hosen, alle schwarze Strümpfe, weiße Unterhemden mit aufgesprühten Nummern. Die hatten wir mit der Lehrerin in der Schule gemacht. Durch feine Gaze Farbe gebürstet und auf aus Papier geschnittenen Schablonen gesprüht. Drei von uns trugen echte Kicker, Fußballstiefel mit hochstehenden Eisenstollen. Wir anderen trugen Turnschuhe. Kurz vor dem Anstoß des Eröffnungsspiels machten wir ein Gruppenfoto. Ich habe es noch. Gerda Zalm war unser Kapitän. Es ging um die Seitenwahl. Sie wählte Kopf. Der Schiedsrichter, ein spindeldürrer kahler Mann, inspizierte kurz noch mal Gerdas Gesicht. »Sag mal, du bist doch nicht etwa ein Mädchen?« Gerda presste die Lippen aufeinander. Bennie, der neben ihr stand, begann augenblicklich, seine Schnürsenkel fester zu binden. Der Schiedsrichter erkannte, dass wir schweigen würden wie Austern. Einen Moment dachte ich: Er wird sie doch nicht etwa bitten, die Hosen auszuziehen? Der Schiedsrichter lief zur Seitenlinie, zur Mutter von Pier, unserem Torwart. Sie standen da und diskutierten. Er kam zurück. »Heißt du Gerda Zalm?« Auch Gerda weigerte sich zu antworten. »Mädchen dürfen nicht mitmachen, dies ist ein Jungenturnier.« Einer unserer Gegenspieler, der das Geschehen mit großem Interesse verfolgt hatte, konnte sich nicht mehr beherrschen und rief: »Hey, Leute, der Typ ist eine Mieze.« Das hätte er lieber nicht tun sollen. Gerda verpasste ihm eine Kopfnuss.

»Und?«, fragte mein Vater beim Abendessen, »wie habt ihr gespielt?« – »Wir mussten zu zehnt spielen und haben verloren.« – »Verloren?« – »Ja, weil Gerda Zalm kein Junge ist.«

Man scheint über zwei Gedächtnisse zu verfügen, ein Kurzzeit- und ein Langzeitgedächtnis. Das Kurzzeitgedächtnis ist gleichsam eine Vorstufe für das Langzeitgedächtnis. Man muss erst mit dem Bummelzug durch die Kurzzeitstrecke, um weiterkommen zu können in die Langzeit-, die Schnellzugstrecke.

Mit dem Älterwerden scheint man öfter durch sein Gedächtnis zu surfen. In meinem Fall bedeutet das: Je länger sie her sind, desto detaillierter sind meine Erinnerungen. Mein Kurzzeitgedächtnis lässt mich ab und zu im Stich. Wo habe ich nur meine Schlüssel hingelegt? Weißt du, wo ich meinen Mantel wieder hängen gelassen habe? Und wie hieß noch dieser Typ, der lange Blonde, der an der Heizung lehnte? Er war zusammen mit, du weißt schon, der im roten Kleid.

Ich denke, es wird nicht mehr lange dauern, bis man mit ein paar Aufklebern auf dem Kopf und ein paar Drähtchen, an einen Computer angeschlossen, wie zum Beispiel in *Blade Runner 2* – oder war es Teil 3? –, einfach mit einer Virtual-Reality-Brille spezifische Erinnerungen im Gedächtnis besuchen kann. Solche Brillen werden schon angewandt, um Ängste zu bekämpfen, Angst vor Spinnen zum Beispiel, indem man durch eine solche Brille den Patienten dosiert mit Spinnen, Schwiegermüttern oder Schlangen konfrontiert. Traumatische Erinnerungen zu evozieren, um so mit Umsicht die negative in aller Ruhe in eine positive zu verändern.

Man stelle sich vor: Man sitzt in der Küche mit einem jungen Genever, man hat sich eine solche VR-Brille mit Peripheriegeräten angeschafft, man gibt ein Datum und eine Zeit ein in die App, Ankunft und Abreise, und dann geht's los. Eine Reise, nicht anders als Suske und Wiske einst in dem roten Buch, mit Professor Barabas durch die Zeit.

Du tippst ein: Samstag, der soundsovielte 1957. In elf Nächten wirst du zwölf. Es ist 15 Uhr 18, du bist allein zu Hause. Dein Vater ist angeln gegangen, deine Schwestern sind mit Oma und Opa beim Entenfüttern. Deine Mutter ist kurz mal beim Einkaufen. Du siehst dich vor dem Spiegel stehen in Mutters Anziehsachen, Lippenstift, Büstenhalter, Strumpfhaltern, Nylonstrümpfen, Stöckelschuhen, ihrem Sonntagskleid. Ich sehe aus wie ein mädchenschöner Junge, nach meinem Dafürhalten. Die Tür geht auf. Deine Mutter kommt rein. Das Wort »kurz« erhält eine andere Bedeutung. Sie sieht dich da stehen und sagt mit ernsthaftem Lächeln: »Sorry, ich dachte, das wäre mein Zimmer gewesen.« Sie geht in den Flur und schließt hinter sich leise die Tür. Das Bild verblasst.

Du denkst, soll ich? Du sitzt wieder in der Küche von heute, machst noch eine Reise mit der Brille.

1953, glückliche Zeit. August, Sonntagmittag, 15: Uhr. Ich sehe mich mit einer kleinen Schaufel und einem Eimerchen am Strand herumhampeln.

Nachdem ich einem Wasserball im Vorbeigehen einen Stoß versetzt habe, sage ich zu meinem Vater, der mit hochgezogenen Hosenbeinen mit einer Wurfangel fischt: »Papa, wir haben Mama verloren. Wir haben sie begraben, aber wir können sie nirgends mehr finden.« »Was?« Mein Vater lässt in Windeseile den Hütehund des Bademeisters an einer Unterhose meiner Mutter riechen. Wir finden unsere Mutter gerade noch rechtzeitig, als die Flut kommt, mit einer Qualle auf ihrem Gesicht, einer Krabbe unter ihren Achseln, einer Garnele in ihrer Muschel, aber herrlich ausgeschlafen.

Schmunzelnd finde ich mich nach diesen Übertreibungen in der Küche wieder. Ich finde die Brille toll.

Ich tippe ein: Nächste Woche, 1. September 2018, 20 Uhr. Ich sitze in einem kleinen Saal bei einer Lesung von Professor Paljas van Pinguin, dem Mentor von Alfred Jodocus Kwak. Ich höre seine Worte:

»Wissen Sie, Ihr Gehirn kann Stoffe erzeugen, die dafür sorgen, dass man durch solche Stoffe weniger kaputtgeht als Menschen mit Gehirnen, die die Stoffe nicht oder weniger erzeugen. Man nennt sie Genussstoffe.

Menschen, die lieb zu anderen Menschen sind, erzeugen mehr von diesen Genussstoffen als Menschen, die Menschen hassen, sie für verrottet halten oder auf sie scheißen.

Nett sein funktioniert besser als jedes Antistressmittel. Lieb sein kann eine Quelle des Glücks und der Gesundheit sein.«

Burn-out, Depression und Selbstmordgedanken kann man am besten mit einer Gute-Taten-Kur bekämpfen. Jetzt erhältlich in deinem Inneren.

Der Professor erzählt, dass er, nachdem seine Frau gestorben war, einmal vor den Zug nach Den Haag springen wollte, aber dann, bevor er auf die Gleise ging, sah, wie ein Igel mit einer gebrochenen Pfote sie zu überqueren versuchte.

Nachdem er die Pfote geschient und verbunden hatte, erzeugte sein Gehirn einen solchen Stoß an Genussstoffen, dass Professor Paljas von Pinguin danach nichts mehr von seinem Lebensende wissen wollte und fröhlich nach Hause geradelt ist.

»Geht's dir saudreckig, brennt dir eine Sicherung durch, willst du jeden, der anders ist, aus dem Land schmeißen, vom Dach runterspringen, jemandem die Kehle durchschneiden? Dann hilf einem anderen und damit dir selbst«, sagte er noch leise vor dem Applaus.

Und die Mütter schauen
und die Väter angeln
während wir
Sandburgen bauen
gegen das Wasser und den Wind

und die Wellen
finden kein Ende

und ein Drachen
mit einem Schwanz aus Zeitungsschleifen
schwebt zwischen
dem Kreisen der Möwen

und die tiefe Sonne scheint
jemand bringt einem Kind bei zu gehen

und ein alter Mann
mit hochgerollten Hosenbeinen
geht ein Eis kaufen
und in einem Transistorradio
schreit sich jemand
das Herz aus der Seele

und nichts wird je vergessen sein.

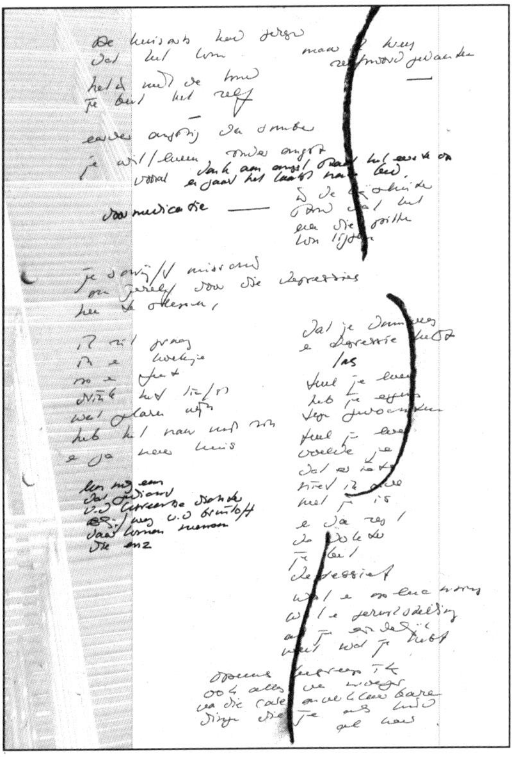
De huisarts had gezegd
dat het kon
voor medicatie
depressies
depressie
las
enz

Sollen wir Freunde werden?

Als ich ganz jung war, dachte ich nicht daran, auf welche Weise ich sterben würde. Wenn man etwas älter wird, sagen wir mal achtzehn, dann fragt man sich das manchmal, meistens wenn man glücklich ist. Du willst nicht, dass es aufhört, das Frohe und Freie. Du dachtest damals, wenn es dann doch geschehen muss, dann unbemerkt, wenn du betrunken bist oder im Schlaf. Kriegst du Kinder, so wie ich vier, dann hast du überhaupt keine Zeit für solche Gedanken. Dann muss der Tod ganz weit weg bleiben. Wer holt denn sonst die Kinder von der Schule? Hilft ihnen bei den Hausarbeiten, putzt ihnen die Nasen und so weiter? Sind die Kinder aus dem Haus, dann denkst du wieder öfter daran, wie du sterben willst, wenn es dann doch sein muss.

Du Glückspilz, du kannst mit solchen Fragen spielen, sagt der Flüsterer in meinem Kopf. Ja, meine Eltern hatten gute Gene, denke ich, während ich am Sarg unserer Nichte Gabriëlle stehe. Zehn Jahre, ermordet vom Krebs. Irgendwo im Hinterhaus meiner Gedanken höre ich Kinder singen:

Hier ist unsre stolze Pfingstblume
und ich würde sie so gern einmal zeigen
mit ihren grünen Kränzen um den Kopf
und mit ihren klingenden Schellen.

Recht ist Recht
krumm ist krumm
versprich dir, was zu geben
für die stolze Pfingstblume
denn die stolze Pfingstblume
muss leben.

»Trauer ist in gewissem Sinn das Spiegelbild von Liebe. Je mehr wir jemanden lieben, desto größer ist das Loch, das der andere nach dem Tod hinterlässt«, schreibt der ferne Freund und Journalist Coen Verbraak in seinem Buch *Die Hinterbliebenen.* »Du bist immer das Vermissen.« Der Schmerz des Verlustes bleibt, man lernt nach einiger Zeit, ihn zu verkraften.

Um nicht allzu sehr aufzufallen, saß Bennie in unserer Klasse immer in der letzten Reihe. Lernen fand er nicht wirklich schön. Fußballspielen, das war sein Ding, das war sein Leben. Sein größtes Vorbild war Abe Lenstra, meins war Faas Wilkes. Bei der Mannschaftsaufstellung wurde er immer als Erster gewählt. Wenn er bei dir im Team war, gewannst du immer. Zum Beispiel gewannen wir mit ihm das Utrechter Osterturnier und wurden nach Elfmeterschießen Zweite bei der Stiftung Stadtranderholung.

Auf der Straße spielten wir oft mit einem Tennisball. Das Ziel war, die Kante des Bürgersteigs zu treffen. Bennie konnte mit einem Tennisball alles, er ließ ihn aufspringen, schlug ihn in die Höhe und legte ihn ruhig auf seinen Nacken. Wie ein perfekter Jongleur ließ er den Ball über die Schulter auf seiner Brust landen, um ihn dann über das Knie auf seinen Spann zu nehmen. Bennie war ein Zauberer.

Unser Nachbar Jacobsen, der auf der vornehmen Seite unserer Straße wohnte, war auf uns stinksauer, weil nur allzu oft Tennisbälle an oder durch seine gerade geputzten Fenster flogen. Das lag daran, dass vor seinem Haus der höchste Bordstein war. Als das wieder einmal passierte, rannte er nach draußen und zog Bennie so sehr am Ohr, dass ich dachte, er würde es abreißen.

Bennie würde jetzt so alt wie ich sein, aber er wurde in der ersten Klasse der Oberschule auf seinem Fahrrad von einem Lieferwagen totgefahren. Zumindest wurde uns das so erzählt. Ich denke schon, dass das stimmt, denn kurz danach verbot uns die Polizei das Radfahren auf der Straße, wo es passiert war. Bennie wurde in Bilthoven begraben.Wir waren mit der ganzen Klasse dabei. Ich war noch nie auf einer Beerdigung gewesen. Schrecklich traurig. Ich wusste gar nicht, dass große Menschen so weinen konnten. Auch unser Nachbar Jacobsen von der vornehmen Seite war gekommen, stand mit Tränen in den Augen da. »Guter Kerl«, sagte mein Vater. »Guter Fußballer«, sagte Jacobsen.

Ich weiß noch, dass ich Bennie fragte: Wollen wir Freunde sein? Das wollte ich auch mit Jimi. Der nicht Jimi hieß, aber so genannt wurde, weil er ein absoluter Jimi-Hendrix-Fan war. Wie alt waren wir, zwanzig? Er spielte in unserer Band Leadgitarre. Ein introvertierter intelligenter junger Mann mit fröhlichen Weleda-Locken, die, wenn er die Ziegel vom Dach rockte, mit ihm auf den Schultern tanzten. Was soll schon sein? Jimi ist tot.

Ich musste wieder an Jimi denken, als ich in einer Zeitung einen Leitartikel von Cecilia Tabak las: »Wer einen anderen erwürgt, vergiftet, vor einen Zug oder von einem Hochhaus wirft, begeht einen Mord. Wer sich selbst so etwas antut, begeht Selbstmord. Sich selbst das Leben zu nehmen erfordert Gewalt gegen den eigenen Körper. Selbstmord ist das Wort, das diese Gewalttat am genauesten beschreibt.

Lass jeden, der mit dem Gedanken spielt, sein Leben zu beenden, davon durchdrungen sein, wie heftig, unwiderruflich und brutal so etwas ist, für ihn, für sie und für die

Hinterbliebenen. Selbstmord ist ein Wort wie ein Keulenschlag, wie die Tat, für die er steht. Du darfst ihn nicht verniedlichen.«

Tja, hier wohn' ich also
es ist nicht groß
aber ich kann alles erreichen
mitten in der Stadt
setz dich doch

Meine Pulsadern
ach, das ist nichts
sieh es dir ruhig an
hat nicht wehgetan
als ob man einen Briefumschlag zuleckt
und sich dabei in die Zunge schneidet

Willst du Kaffee

Ich sah mich daliegen
eine tote Amsel auf dem Gartenweg
ich konnte überallhin
wie etwas, das es nicht gab
quer durch die Wände

Mit Milch

Ich bin zum Friedhof gegangen
da werde ich liegen
hinter den beiden Eichen
neben unserem heißgeliebten
tief betrauerten Adriaan de Groot
und der Hecke

nur die Knospen
den Rest braucht man
zum Spinnen der Flügel

Zucker

Durchgeschnitten
es sah aus, als ob sie sich übergaben
erst war kurz einmal nichts
und dann
als ob zwei Blüten
aufgingen
wie kann man so etwas tun
diese Schande
wir waren Tag und Nacht
für dich bereit
haben alles, was nur möglich war
für dich getan
Kind, warum
immer saubere Unterwäsche
dir könnte ein Unfall geschehen

Ja
ich hab mich verirrt
jede Woche muss ich
zu ihm
ich rede
er nickt
und sagt
zwischen elf und zwölf
er wäre mein Freund

willst du noch was
was Starkes

Ich habe nie daran gedacht, einmal Schluss zu machen. Die Welt wurde mir nie zu viel. Aber ich habe mich schon gefragt, wie das sein würde. Aus welcher Dunkelheit kommt ein solcher Entschluss? Wie verzweifelt, feige oder stark muss man dafür sein? Wie hell oder finster ist es da?

Er erkrankte an einer Depression, holte sich einen schwarzen Hund. Der ihm an guten Tagen viel Freude machte. An schlechten Tagen war alles falsch, der Hund, die Welt, er selbst. Wir haben einen weißen und einen schwarzen Hund für alle Fälle.

Beim Halbfinale in Wimbledon flatterte während des ganzen Spiels ein Schmetterling über den Tennisplatz. Das ließ mich an meinen guten Freund Alois Kurzmann denken.

Ich saß an einem strahlenden Tag an seinem Sterbebett. Wir gaben jahrelang teure Zeitschriften heraus über Kunst, Natur und Politik, Musik und Theater. Wir waren sehr stolz. Wir hatten das erste Interview in Westeuropa mit Michail Gorbatschow. Ich fragte Alois im Hamburger Krankenhaus, ob er mir, wohin auch immer er nach dem Tod käme, einen Schmetterling, so braun wie seine Augen, schicken würde. Am Abend nach seinem Tod spielten wir in Gooiland, Hilversum. Ich las am Ende der Vorstellung ein Gedicht, das ich an diesem Tag für Alois geschrieben hatte, mit dem Titel »Schmetterling«. Während ich dastand und las, flatterte ein brauner Schmetterling aus dem Licht der Scheinwerfer auf meine Hand. Ich höre noch die Menschen »oh« rufen, ein Schmetterling, der sich danach in den Lampen des Theaters zu Tode flog. Zufall existiert.

Und Franka Daels aus Mechelen. Ich lernte sie 1979 nach der Premiere unseres ersten Spielfilms in Antwerpen kennen. Wir hatten bis zu ihrem Tod eine innige Beziehung. Es geht keine Woche vorbei, in der ich nicht an sie denke. Sie zwang mich geradezu, ihre Lieblingsautoren zu lesen. Prüfte mich nach Gläsern voller Rotwein. »Hast du nicht gelesen, was ich dir gab?« Timmermans, Louis Paul Boon, Herman de Coninck, Marguerite Yourcenar. Sie ließ mich auch ihre Lieblingssänger auf Langspielplatten hören. Wannes Van de Velde, Willem Vermandere und Jacques Brel. Sie hat mit mir getrunken wie ein Kerl. Wie mein alter, inzwischen aus der Zeit gekommener Freund, Willem Wilmink. Viel, viel belgisches Bier, ich blieb bei Genever, Duvel, Sanctus, Tempelier, Mater, Koninck, Liefmans, Kriek, Stella, Witkap, Rubensbier, Tongerlo und Kriek Lambic. Wir haben Weingläser lang gelacht bis zum Umfallen. Franka, Willem, sie haben mich angesteckt mit ihrer Liebe für Flandern. Sprache, Kirchen, Theater, Kneipen, Städte, Ufer, Parks, Stege. Franka, lass mich wissen, wenn meine Zeit gekommen ist, in welchem himmlischen Café wir uns wiedersehen können. Und bring dann Willem mit.

Jemand wird den Hund rauslassen
den Pflanzen Wasser geben
jemand wird den Garten sprengen
die Vorhänge schließen

Jemand wird die Wäsche aufhängen
die Socken rollen
jemand wird den Gehweg fegen
das Geschirr in die Maschine tun

Der Himmel wird schimmern
das Meer wird wogen
der Wind wird sich drehen
die Sonne wird scheinen

Der Zug wird zügig
Autos fahren
der Nebel wird hängen
jemand wird
Gedichte schreiben

Jemand wird Gott anrufen
um Aufklärung bitten
jemand wird Entschuldigungen
Dankeschöns
und Rechnungen
schicken

Für ein bisschen Aufmerksamkeit
wird auch jemand von der Dachrinne tauchen
aufs Gleis gehen
oder sterben, um die Zeit zu töten

Jemand wird schreiben
dass der, der stirbt
derjenige ist, der zurückbleibt

Während der Flachetappen bei der Tour de France zappe ich gerne durch die Kanäle. Ich landete in einem Dokumentarfilm über den französischen Pianisten Michel Petrucciani. Es war, als hörte ich Erik van der Wurff spielen. Erik, meinen Studienfreund und späteren Kollegen. Ich habe zweiundfünfzig Jahre mit ihm zusammengespielt. Vor ungefähr zehn Jahren erfuhr er, dass er Leukämie hatte, im Volksmund Blutkrebs. Eine abscheuliche Krankheit, von der ich schon einiges wusste. Ich habe einmal mitgeholfen, Geld zu sammeln für den Bau von acht bakterienfreien Zimmern in der Dr.-Daniël-Hoed-Klinik in Rotterdam. Damit Eltern mit ihren an Leukämie erkrankten Kindern schmusen konnten. Meine Eröffnungsansprache handelte vor allem vom beleuchteten kleinen Schild AUSGANG.

»Am 19. September 1990«, schreibt die Internistin Frau Van de Anker-Lugtenburg in unserer *Zeitschrift fürs Gleichgewicht,* »wurde die Isolationsabteilung Colombine der Dr.-Daniël-Hoed-Klinik festlich eröffnet. Wir sind jetzt anderthalb Jahre weiter, und viele Patienten haben inzwischen unsere neue Isolationsabteilung in Gesellschaft nutzen können.«

In dieser Abteilung werden Patienten mit einer zeitlich stark verminderten Abwehr gegen Infektionen behandelt. Das betrifft hauptsächlich Patienten mit bösartigen Blut- und Lymphdrüsenerkrankungen, wie zum Beispiel Leukämie. In der ersten Woche ihres Aufenthalts in der Abteilung werden sie mit hochdosierten Medikamenten, die das Wachstum und die Teilung der Zellen hemmen, und mit Bestrahlung behandelt. Das soll einerseits die bösartige Erkrankung bekämpfen und andererseits das alte Knochenmark des Patienten vernichten, damit Platz gemacht wird für das neue, gesunde Knochenmark. Das gesunde Knochenmark kann vom Patienten stammen oder von einem Spender.

Diese Behandlung bewirkt oft Übelkeit, Erbrechen und Durchfall.

Ich habe miterlebt, wie Erik in all den Jahren langsam, aber sicher von den Killern in seinem Blut ermordet wurde. Eine wie oben beschriebene Knochenmarktransplantation kam für ihn nicht mehr in Frage.

Ich habe ihn so bewundert bei seinem jahrelangen Kampf gegen das Monster. Dachte oft, hätte ich das alles bei durchschnittlich einhundertfünfundzwanzig Vorstellungen im Jahr durchstehen können? Außer mit allen Pillen, Tabletten und Getränken bekämpfte er seine Krankheit vor allem mit Meditation. Er konnte sich mit äußerster Konzentration, wie ein Buddha, Abend für Abend darauf vorbereiten, was geschehen musste. Manchmal buchstäblich zwischen dem Kotzen. Er hat alles daran gesetzt, am Leben bleiben zu können, für seine Frau, Kinder, Enkel, Freunde, das Spielen, das Publikum, fürs Leben. Aber er wurde jeden Tag, immer ein bisschen mehr, gnadenlos hinausgetrieben. Jede Hoffnung war vergeblich. Unsere Vorstellungen wurden in jenen Tagen langsamer, Tempi brachen ein, das Repertoire wurde an seine Situation angepasst. Molltonarten herrschten vor. Man blickte sich beim Spielen mehr und mehr an. Fallen wir oder springen wir? Setzt er ein oder nicht? Soundchecks wurden kürzer, Vorstellungen länger. Zugaben weniger, es gab nicht mehr genügend Zeit.

Während meines Urlaubs ging das Telefon. »Herman, ich lass die Herbsttournee aus, um mich zu erholen, und komme dann im Frühling wie ein junger Gott zurück.«

Wir haben im Garten nicht viele Rosen, aber ein paar Sträucher Kletterrosen. Sie wachsen links und rechts über die Bretter des Carports mit den Jahren aufeinander zu.

Rosen sind Blumenpflanzen, gehören zur Gattung Rosa. Im Freien kommen dreihundert Arten vor, daneben gibt es viele veredelte Formen wie unser kletterndes Paar. Die Rose ist das Symbol für Liebe. Cupido soll in einem unbewachten Moment Nektar auf den Boden verschüttet haben. Daraus entstanden, wie gesungen wurde, die allerersten Rosen.

Wie auch immer die Rosen entstanden sind, die Blume ist steinalt. Cleopatra soll Rosenblätter wegen ihres Dufts auf den Boden ihres Palastes streuen haben lassen. Die Rose wurde und wird noch immer als Basis für viele Parfüms gebraucht.

Mit einer roten Rose erklärt man jemandem die Liebe, schenkt man eine Rose in einer anderen Farbe, dann bedankt man sich bei jemandem. Schenkt man Rosen ohne Dornen, dann schenkt man es einer Liebe auf den ersten Blick. Schenkt man eine noch nicht aufgeblühte Knospe, dann will man, dass die Liebe noch ein Geheimnis bleibt. Schenkt man vierundzwanzig Rosen, dann heißt man Toon Hermans. Heißt man Rose, dann stiehlt man Herzen.

Bei jeder Vorstellung, die ich spiele, steht seit vier Jahren eine weiße Rose auf dem Piano. Das ist die Rose, die an Erik erinnert, eine Vergissmeinnicht-Rose.

Schreib mir
was du anhast
schreib mir
was du siehst
schreib mir
wer auch da ist
wer nicht

Schreib mir
wo die Sonne steht
schreib mir
sind da Blumen
schreib mir
gibt es da Pfefferminzbonbons
gibt es Bücher

Schreib mir
gibt es Schnee
schreib mir
gibt es da eine Art Glauben
schreib mir
ist es da dunkel
gibt es da Hoffnung

Schreib mir
was du denkst
schreib mir
ob es regnet

Schreib mir
wie deine Frisur sitzt
wen du vermisst

Schreib mir
gibt es da ein Theater
schreib mir
wer da spielt
gibt es da
einen Strand
und wer geht da
mit dir mit

Und wer geht da …

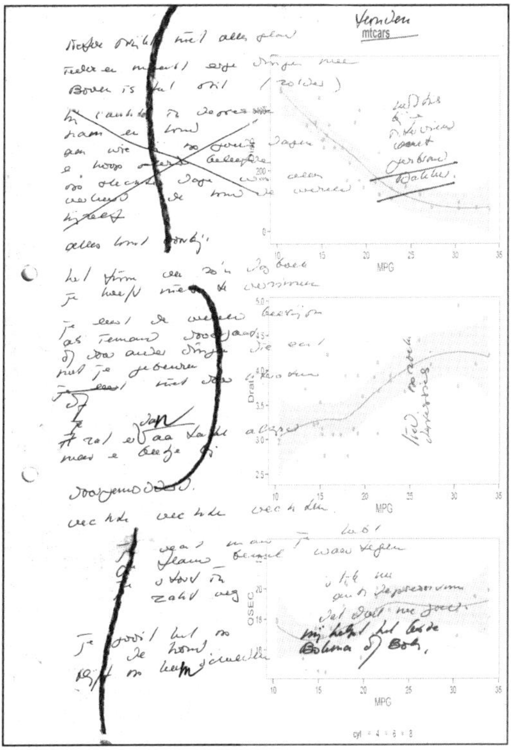
mtcars
MPG
MPG
MPG
cyl 4 6 8

Wetter

Trost bedeutet, jemanden, der körperlich und geistig leidet, zu ermutigen und ihm seinen Kummer erträglicher zu machen. Trost kann mit Worten erzielt werden, aber auch durch Körperkontakt. Das Wesentliche des Tröstens ist, dass der Getröstete sich nicht allein und verlassen fühlt. Trost ist, dass man gemeinsam trägt und leichter macht. Trost ist auch, dass es immer schlimmer kommen könnte, als es ist.

Ich habe bestimmt eine so blöde Grippe wie im ersten Kapitel dieses Buchs. Ich nehme noch ein, zwei Paracetamol-Tabletten, drehe mich auf die Seite, sehe auf dem Tisch neben einem DVD-Stapel ein Foto von meinem jüngsten Enkel stehen. Er schaut mich mit einem spitzbübischen Lächeln an.

Ich finde es schön, ihn zu irritieren. »Oh«, sagte ich neulich beim Frühstück, »es ist Wetter.« »Wetter?«, fragte er. »Ja«, antwortete ich, »es ist wieder Wetter.« »Wieder Wetter?« »Ja, mein Schatz, es gibt nie kein Wetter. Wetter gibt es immer. Was wäre, wenn es kein Wetter mehr gäbe? Keinen Wind, keinen Nieselregen, keine Sonne, keinen nassen Schnee.« »Geht das?«, fragte er seine Mutter, die lächelnd die Schultern hochzog. Das Männlein sah stirnrunzelnd nach draußen, stellte sich wahrscheinlich vor, was er sehen würde, wenn es kein Wetter gäbe. »Ich habe es noch nie erlebt«, murmelte ich, »kein Wetter. Solange ich lebe, gibt es schon Wetter. Ich sehe seit mehr als siebzig Jahren immer Wetter. Sollen wir mal nachschauen, ob es das gibt, kein Wetter?« Er nickte. Ich schlug meinen Laptop auf und googelte »Wetter«. Ich las unter Wetter: »Wetter ist die Beschaffenheit der Atmosphäre in einem bestimmten Augenblick.« Leben ohne Wetter ist unmöglich, dachte ich beim Lesen mit ernster Miene. Wetter gibt es immer, niemals nicht, darauf kannst du dich verlassen. Ich sah das Männlein an und zwinkerte ihm zu. »Darf ich aufstehen?«, fragte er. »Dein Fußballzeug liegt im Wäschekorb«, sagte meine Tochter. Er schob seinen Stuhl nach hinten, schaute noch kurz nach dem Wetter und beschloss, ohne Jacke zu gehen.

»Das Klima gleicht der Zigarette«, lässt Pieter Giesen den französischen Philosophen Bruno Latour im *Volkskrant* sagen. Skeptiker streiten die Erwärmung der Erde ab, so wie übrigens in den Sechzigerjahren die Tabakindustrie behauptete, dass die Schädlichkeit der Zigaretten wissenschaftlich nicht bewiesen wäre. Sie hatte sogar nicht bemerkt, dass auf ihrer Werbung nur junge Menschen zu sehen waren. »Sie brauchen nicht recht zu haben, sie brauchen nur Zweifel zu säen«, sagt Bruno. »Sie gewinnen nicht, weil sie die Wissenschaft auf ihrer Seite haben, denn das haben sie nicht. Aber sie gewinnen, wenn sie eine Form der Debatte eröffnen können.«

Er fährt in seinem Artikel fort: »Seit der wissenschaftlichen Revolution im siebzehnten Jahrhundert betrachtete der Mensch die Erde als ein Objekt, das erobert und ausgebeutet werden konnte. Durch die Klimakrise und das Ausrotten von Tierarten kommen wir mit Schimpf und Schande dahinter, wie naiv dieser Gedanke war. Die Erde spielt selbst mit, wie eine Göttin, die zurückschlägt, wenn sie gereizt wird.«

Das Fieber will einfach nicht weg. Ich rufe den Hausarzt an. »Tja, es grassiert. Viel trinken, schlafen, nehmen Sie ruhig Paracetamol. Eine Hühnersuppe von Ihrer Mutter, sagen Sie? Gute Idee. In der Hühnersuppe sind nämlich ganz viele Antibiotika.« Der Witz kommt mir bekannt vor. Sogar durchs Telefon sehe ich sein Augenzwinkern. Ich ziehe einen dicken Mantel an und hole mit einem Backstein im Kopf die Morgenzeitung. Ich lese:

»Es ist bewölkt und es fällt Regen. Im Südosten des Landes kann in den frühen Morgenstunden sogar nasser Schnee fallen, aber nur wenig. Im Laufe des Vormittags wird es vom Nordwesten her trocken. Es dauert bis in die späten Mittagsstunden, bevor es auch in Süd-Limburg trocken wird. Die Höchsttemperatur liegt heute Mittag bei acht Grad. Dabei weht ein mäßiger, an der Küste manchmal starker West- bis Nordwestwind. Morgen gibt es wieder neues Wetter.«

Obwohl es um die Kälte geschehen scheint, bleibt beim Wetter eine überzeugende Milderung aus. Vorläufig müssen wir leicht wechselhaftes Wetter und Temperaturen von maximal sechs Grad ertragen.

Ein bisschen weiter lese ich in der Zeitung:

»Zwei Millionen. Mehr Menschen können in unserem Land nicht wohnen, und weltweit sind es maximal drei Milliarden. Da müssen wir hin. Da geht es hin. Auch wenn wir nichts tun.«

Der Biologe Hans Meek verwirft alle optimistischen Erzählungen und Berechnungen, die uns weismachen wollen, dass wir auf diesem Planeten bald gemeinsam mit zehn Milliarden Menschen im Wohlstand leben können. Nein, wir kehren zurück zu Herrn Malthus. Dieser britische Ökonom prophezeite vor zwei Jahrhunderten Hungersnot und massenhaftes Sterben, weil das Bevölkerungswachstum nicht im Gleichschritt mit dem Wachstum der Nahrungsproduktion verlief. Dieser Katastrophe konnte die westliche Welt in den vergangenen zwei Jahrhunderten entrinnen, indem sie den Rest der Welt ausbeutete, aber jetzt gibt es kein Entrinnen mehr.

»Noch nie kam er so früh: Earth Overshoot Day. Der Tag, an dem wir offiziell mehr von der Erde verlangen, als die Erde uns geben kann.«

Es funktioniert so: Das Global Footprint Network berechnet jedes Jahr unseren ökologischen Fußabdruck und unsere Biokapazität. Unser Fußabdruck ist, wie viel Land und Wasser wir brauchen, um für unsere Nahrung, den Wohnraum und für unsere Grundstoffe zu planen. Und wie viel Wald und Wasser nötig sind, um unseren Ausstoß zu absorbieren. Die Biokapazität ist, wie viel die Erde in einem Jahr ergänzen kann. Wie viel neue Fische und Kühe hinzukommen, wie viel unser Landbauboden produzieren kann und wie viel Ausstoß alle Wälder und Seen zusammen aufnehmen können.

Wenn man die beiden voneinander abzieht, dann kommt man schnell dahinter, dass wir viel zu viel verbrauchen. »Es ist ein gutes Maß für den Impact, den wir auf dem Planeten haben«, erklärt der Ökologe Joop de Kraker dem Journalisten Stephen Vegelien. Joop ist Hochschullehrer für Sustainability Assessment an der Universität von Maastricht. »Wir konsumieren jetzt zweimal so viel in einem Jahr, wie die Erde uns geben kann.«

Ich blicke von dem Papier auf und muss schlucken. Starre zur Linde vor dem Fenster. Sie schüttelt verwirrt ihre Äste. Soll ich es ihr erzählen oder weiß sie es schon?

Es gibt verschiedene internationale Verträge, um Biodiversität zu schützen und die Klimaveränderung zu bekämpfen. Auch kann Ausbildung, vor allem der Mädchen und jungen Frauen in armen Ländern, helfen, das Bevölkerungswachstum zu bremsen. Junge Frauen mit Ausbildung lernen viel über Verhütung und Fortpflanzung und gehen arbeiten und Geld verdienen. Dadurch sind sie finanziell nicht mehr von Kindern abhängig, so weit das Global Footprint Network.

»Es ist vor allem wichtig, dass wir unseren Ausstoß und unseren Müll kontrollieren. Und wir sollten zufrieden sein mit dem einen Planeten, den wir haben.«

Aber wenn wir so weitermachen, brauchen wir zwei Erden.

Mir ist ganz schwindelig.

Um das Haus war Winter
im Sommer
da, wo einst
stattliche Kastanien, Linden,
Birken standen
lag jetzt
auf der Ebene grauer Schnee
und der Blick reichte
bis zur See

Die See
die nach dem Brechen
der Deiche
bis Amersfoort
gespült war
alles auf ihrer Fahrt
mitgenommen hatte
Bauernhöfe, Kirchen, Häuser

Nur Menschen
die Keller hatten,
wasserdichte, überlebten
ein paar Reiche

Man hatte gesagt
dass es so schlimm
nicht werden würde
Angst von links
wurde von rechts unterstellt
und umgekehrt

Und als es doch
so lief
war es zu spät
um noch jemanden zu erreichen
und darauf hinzuweisen

Ich versuche die Wörter in meinem Kurzzeitgedächtnis, wie bei einem Scrabble-Spiel, zusammenzuzählen. Mein Score ist schwindelerregend.

Ich lege die Zeitung auf den Tisch neben der Bank, dreh mich um, schlaf ein und brauchte noch drei Tage, um die Krankheit loszuwerden.

Will man zurück zu den Schulbänken? Zum Anspitzer und zum Bleistift? Der Geruch von Holz lässt mich augenblicklich an Fräulein Jansen von der ersten Klasse denken. Das Gedächtnis auffrischen macht man vor allem mit seiner Nase. Der zarte Frühling ist die Hochsaison für diese Erfahrungen.

Und dann gab es Kaffee. Ich wurde wach durch den Geruch.

»Welcher Geruch bringt dir die schönsten Erinnerungen?«, fragte André Sollie einmal den flämischen Dichter Bart Moeyaert. Seine Anwort: »Die Nordsee, ganz ohne Zweifel.« Eigentlich seltsam, denke ich, es gibt Theater für unsere Augen, Konzertsäle für unsere Ohren, aber keine Vorstellungsräume für unsere Nasen. Die See. Wim Hofman ließ uns lesen, dass die See uns viel Klarheit verschafft.

Ich hatte sie noch nicht gesehen. Wir kletterten langsam durch den verschmutzten Sand auf die Düne. Was ich dann sah, habe ich nie mehr vergessen. Dass die See so groß war, berauschend, wie hätte ich das wissen können? Ich würde später aufschreiben:

Dass so etwas Großes in deine Augen passt ...

In dem Buch *Gullivers Reisen* stand die See beschrieben, aber das war nichts im Vergleich zu dem, was ich damals sah. Die See hörte überhaupt nicht auf. Nirgendwo. In Gedanken sah ich mich schon fahren. In meinem eigenen Schlauchbot, mit einem Holzbein, einer schwarzen Augenklappe und einer Piratenflagge. »Horizont, pass auf. Ich bin der fliegende Holländer und sterbe nie.«

Die Grippe ist schon lange verschwunden, das Keuchen nicht. Nach jeder Anstrengung huste ich, passend zu meinem Alter. Zwischendurch in einer Stille höre ich zwei kleine Vögel miteinander zwitschern. Der eine tiriliert eine lange melodische Zeile. Danach ist es einen Moment still. Dann flötet der andere in einem Baum weiter oben eine kurze Staccato-Antwort. Ich versuche, zu verstehen, was sie zwitschern.

Vogel eins: »Wo warst du denn? Wir wollten doch zusammen auf Regenwurmjagd gehen?«

Vogel zwei: »Mir ist was dazwischengekommen.«

Vogel eins: »Was dazwischen?«

Vogel zwei: »Ja.«

Vogel eins: »Was denn?«

Vogel zwei: »Ich erzählte dir doch neulich von der Eule, die in der Scheune des Sängers wohnt. Sie wird kurzsichtig, ist in dieser Woche in der Sprechstunde bei einem Habicht gewesen, Alterserscheinung, kann man nichts machen. Ihre Mutter hatte das auch, es liegt in der Familie.«

Vogel eins: »Tut mir leid.«

Vogel zwei: »Mir auch. Sie sah gerne scharf.«

Vogel eins: »Wie geht's deinem Flügel? Hattest du ihn dir nicht verknackst?«

Vogel zwei: »Er fliegt schon ein bisschen besser, muss vorläufig ruhig schweben und Hühnersuppe essen.«

Vogel eins: »Ich bin weg. Schöne Grüße an deine Frau. Wenn ich nächste Woche in eurer Nähe bin, flieg ich kurz mal vorbei.«

Vogel zwei: »Schön. Dann kann ich dir unser Nest zeigen. Wir haben eine neue Sitzecke. Tschüss.«

Vogel eins: »Tschüss.«

Es ist still. Während ich über das Gezwitscher nachdenke, nehme ich die Zeitung, die Buchstaben tanzen, meine Frau kommt mit dem Kaffee herein. »Schatz«, frage ich sie, »hast du meine Brille gesehen?« »Die hast du doch auf.«

Hab einen Freund verloren
totgefahren
von einem Mann
der seiner Frau beweisen wollte
wie schnell
er fahren kann.

Wir hatten mal
den gleichen Traum:
wir wollten Helden werden
Robin Hood
und
Ivanhoe.

Wo bist du,
alter Junge?
Was stellst du an
zwischen dem Himmel
und der Erde?
Ist der Tod ein Clown
oder ist der Tod
eine Braut?

Wo bist du?
Gib ein Zeichen.
Siehst du Gott,
grüß ihn von mir.
Hier regnet es
und es ist still.

Deine Bücher,
ich werde sie bewahren
Arendsoog und Türkische Früchte.
Deinen Pflanzen gebe ich Wasser
und die Hunde
führe ich aus.

Ich pflanze Flieder
um dein Grab
und wenn sie fragen
wer du warst

Robin Hood
er war mein
Klassenkamerad

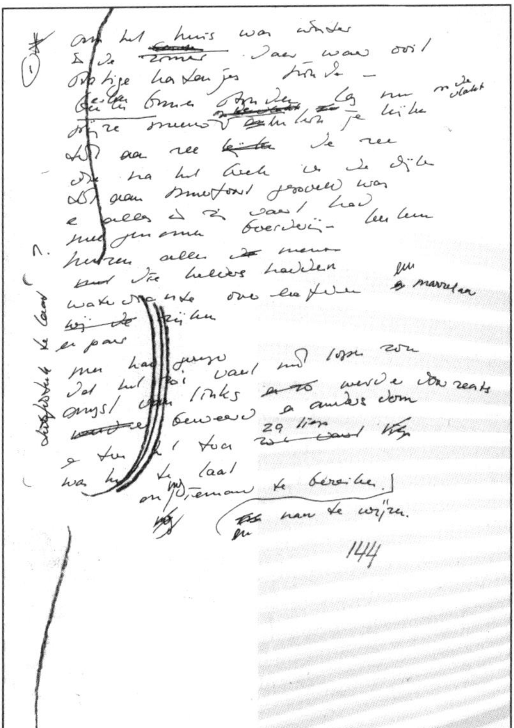

om het huis was winter
in de zomer daar waar ooit
[illegible] kastanjes stonden –
[illegible] lag nu
[illegible]
dat aan zee [illegible] de zee
[illegible] na het werk in de dijk
dat naar [illegible] geworden was
en alles wat ik zei [illegible] had
[illegible] boerderij- [illegible]
huizen alleen [illegible]
[illegible] die kelders hadden
[illegible] marmelade
wijken
een paar
men had gezegd dat met losse zou
dat het [illegible] links werden [illegible]
angst [illegible] bewaard en anders dom
29 [illegible] vaart [illegible]
en [illegible] toen
was het te laat
om iemand te bereiken.
[illegible] naar te wijzen.
144

Solange es leicht ist

Die großen dunklen Wolken weinen. Was ist ihr großer Kummer? Das verraten sie auch heute nicht. Schnatternde Gänse flüchten im Tiefflug über die Felder. In der Ecke der Weide neben unserem jahrhundertealten Bauernhof stehen sieben Rinder unter undichten Weidenbäumen mit ihren Hinterteilen zum Wind, ihre Schwänze tropfen wie Spülbürsten. Ich versuche, durch den prasselnden Regen hindurch zum Briefkasten zu laufen, finde dort drei Rechnungen, ein Werbeblatt für Gartengeräte, einen blauen Brief vom Finanzamt, eine sonnige Ansichtskarte mit lieben Grüßen von Joost und Nena aus Curaçao und die Morgenzeitungen, die ich am Küchentisch aufschlage. Ich ziehe zuerst den Sportteil und dann das Feuilleton heraus. Ich lese, bevor ich mit den Nachrichten anfange: »Pflicht, Freude und Ekel, verschieb das noch eine Weile«, schreibt der Dichter in der Zeitung.

»Glück, Genuss und Ewigkeit brauchen kaum Sinngebung.« Und genauso ist es.

Nach der Lektüre der Zeitungen räume ich das Frühstücksgeschirr ab, füttere die Enten, Hühner und die Gänse und packe die Koffer für den ersten Abschnitt einer neuen Konzerttour. Dieses Mal wieder nach Deutschland, in die Schweiz und nach Österreich, zum ersten Mal nach dem Fall der Mauer. Wie anders wird es sein? Ich freue mich auf die alten Städte mit ihren oft schönen Theatern und Konzertsälen. Auf die Oper von Frankfurt, den Friedrichstadtpalast in Berlin, Circus Krone in München, das Volkshaus in Zürich, das Schauspielhaus in Hamburg und das Konzerthaus in Wien. Aber vor allem bin ich gespannt auf die Menschen, die Freunde und Bekannten in den ausgesprochenen Liedermacher-Ländern. Die europäischen Grenzen mag es nicht mehr geben, die verschiedenen kulturellen Grenzen bleiben. Nirgendwo gibt es meiner Erfahrung nach so viel Wertschätzung für das Lied als im deutschsprachigen Europa. Ausgenommen vielleicht das kleine Gebiet hinter der Schweiz, wo man vor allem Clowns liebt. In keiner Schweizer Stadt steht nicht irgendwo auf einem kleinen Platz ein Zirkus.

In England und Irland geht man vor allem aus, um Popstars und Storytellers zu hören, während man in Frankreich das Chanson liebt, das oft im Wesen und *in seiner Struktur* anders ist als das deutsche Lied. In den Niederlanden und in Flandern ist es in erster Linie die Malkunst, die uns charakterisiert. Manchmal denke ich, dass, wer wir sind und was uns unterscheidet, vor allem von der Landschaft bestimmt wird. Ist es nicht so, dass man auf Inseln von Reisen erzählt und sich in den Alpenländern vor allem in Echos wiedererkennt? Wir auf der Ebene leben von der Aussicht. Es gibt kluge Köpfe, die diesem Thema dicke Bücher gewidmet haben. Zum Beispiel das lehrreiche Werk von Nils Blick *Ich bin, was ich sehe* oder der faszinierende Roman von Roland Legrand über einen Mann, der eine Weide wurde. Nicht zu vergessen Louis de La Neiges Meisterwerk *Es wohnt ein Berg in mir.*

Bevor ich von Utrecht über Arnheim nach Köln fahre, mache ich noch einen Zwischenstopp beim Geigenbauer auf dem Lucas Bolwerk, um mein Instrument abzuholen. Es wurde generalüberholt und von innen mit weißem Reis entstaubt – sie werfen eine Handvoll rein, schütteln die Geige wie eine Sambakugel und den Reis danach mit dem

Staub und allem wieder raus. Das Kolophonium entfernt, die Lackierung erneuert und geputzt. Vier nagelneue Saiten. Die Geigenbögen neu behaart.

Bevor ich auf die Schnellstraße fahre, besuche ich noch kurz meinen Vater und meine Mutter auf eine Tasse Kaffee mit einem Stückchen Leberwurst und Geschichten. Mama erzählt, dass sie bald ins Krankenhaus muss, wegen ihrer Därme. Sie hat in letzter Zeit Probleme mit spontanen Blähungen. Es könnten ein paar Knubbel drin sein. Papa erzählt, dass er auf dem Markt einen Kumpel aus dem Widerstand getroffen hätte und dass der ihn bald besucht, um alte Kühe vom Eis zu holen.

Nach dem Kaffee geht mein Vater mit mir nach draußen. Als ich in das Auto steige, zeigt er mir noch kurz den ausgestreckten Daumen und ruft mit einem Lächeln, wie immer: »Herre, bleib aufrecht.« Das nehme ich mir fest vor.

Es regnet noch immer, und nicht nur ein bisschen, meine Scheibenwischer machen Überstunden. Als ich in einen Kreisverkehr hineinfahren will, fahre ich beinahe drei aus dem Regen auftauchende, nebeneinander fahrende Schulmädchen an. Ich mache eine Vollbremsung. Meine Geige, die ich auf die Hutablage gelegt habe, fliegt gegen meine Kopfstütze. Mein Auto schleudert, mein Herz springt mir in die Stirn, ich stehe quer auf der Straße. Werde links und rechts von ausweichenden hupenden Autos passiert. Das war verdammt knapp.

Sechs Stunden später sehe ich in meinem deutschen Hotel, dass die Violinbrücke, die Verbindung zwischen der vorder- und rückseitigen Abdeckung abgesprungen ist und dass jetzt, wie eine feine Linie, am Steg ein deutlicher Riss entstanden ist. Der Steg ist das zierliche Stückchen Holz mit Blümchenmotiv, auf dem die vier Saiten aufliegen. Der Portier des Hotels glaubt, dass es in der Altstadt einen Geigenbauer gibt.

Während ich mich mit dem Portier unterhalte, sehe ich auch, wie eine rothaarige Katze mit weißem Hälschen, Pfötchen und weißen Pünktchen am Schwanz vor dem Hotel sitzt und in ein Rosenbeet kackt. Es ist also keine Hotelkatze.

Um ihr eigenes Revier nicht zu beschmutzen, kacken Katzen in den Garten des Nachbarn, allerdings nur, wenn der sauber ist. Einen dreckigen Garten finden Katzen genauso schlimm wie ein schmutziges Katzenklo, wie ich von unserer alten Katze gelernt habe. »Gibt es etwas Rührenderes als den Gesichtsausdruck einer Katze, die in einem fremden Garten sitzt und kackt?« Das las ich einmal in einem Buch von einem Biologen über Gnus.

Als sie fertig gekackt, ihre Exkremente mit etwas Erde bedeckt und wie ein Chefkoch mit ihrer Nase alles kontrolliert hat, trippelt sie die Hoteltreppe hoch, wartet vor der Drehtür, ob jemand herauskommt, und läuft hinein.

Kurz danach streicht sie mit ihrem Köpfchen an mein Hosenbein. Ich frage, wie sie heißt. Sie gibt keine Antwort. Ich nenne sie Füchschen und frage sie: »Was kann ich für dich bedeuten?« Sie schaut mich mit ihren grünen Augen an, miaut und trippelt durch die Hotelhalle und vor mir durch die Drehtür, die Treppe runter. Sie dreht sich um und scheint zu sagen: Mann, wo bleibst du denn?

Ich trabe hinter der Katze wie ein Pferd zu seinem Stall durch eine mir unbekannte, tausend Jahre alte Innenstadt.

Ist es Bam-, Heidel- oder Nürnberg? Ich weiß es nicht mehr. In jedem Fall ist die Stadt, wie überall zu sehen ist, einmal Teil des Heiligen Römischen Reiches gewesen. Ich denke, im Himmel gibt es keine Tiere. Laut der Offenbarung des Johannes und meinem Opa duldet Gott auf seinem Thron nur das Lamm. Im Himmel gibt es sogar für das Eselchen, das Maria und Jesus trug, keinen Platz. Das Himmelstor hat keine Katzenklappe. Katzen sind ihr eigener Gott.

Füchschen kennt offensichtlich den Weg. Ich folge ihr blind. Durch eine volle Einkaufsstraße, über einen kleinen Platz, rechts von der Kirche einem Gässchen zum Brückchen, hinüber zum kleinen Park. Überqueren, wieder über eine kleine Brücke, nach rechts, in die Straße, voilà.

Da stehen wir, vor dem Haus des Geigenbauers. Füchschen kriecht durch ein offenstehendes Fenster hinein.

Das Haus steht frei, links und rechts liegt ein kleiner Steg zum Wasser eines Flüsschens, das fröhlich durch das Herz der alten Stadt strömt. Ein Haus wie aus einem Buch von Charles Dickens. »Ein schmales, schief stehendes, wackeliges hölzernes Sammelsurium mit schweren Fenstern, die ungleichmäßig über die Wände verteilt sind.« Auf einer kleinen Tafel vor dem Eingang zur Werkstatt steht BITTE HINTENHERUM. Ich komme auf eine hölzerne Veranda, die über dem Wasser hängt. Eigentlich beugt sich das ganze Haus mit verrotteter Fahnenstange und allem über das Flüsschen und steht da wie ein ängstlicher Taucher, der so lange am Ufer des Wassers gestanden hat, bis er für immer den Mut zum Springen verloren hat.

Ich finde keine Türklingel, die Tür ist nicht geschlossen, ich rufe Hallo. Es kommt keine Antwort. Ich öffne vorsichtig die Tür und gehe in das hölzerne Haus. Alles, was ich sehe, ist alt, die Bretterwände mit ihren Ästen, die Stühle, der kleine Tisch mit dem silbernen Körbchen, gefüllt mit Tannenzapfen, der Kleiderständer, die ölfarbenen Bilder an den Wänden, die Lampen an der Decke. Alles alt und perfekt erhalten, das Holz von oben bis unten poliert. WERKSTATT steht da und WILLKOMMEN auf der nächsten Tür in zierlichen Buchstaben.

Ich habe in meinem Leben, im Großen und im Kleinen, viel Schönes gesehen. Hidden Valley auf den Philippinen, Elefantenherden auf Böschungen in Afrika, Weinkeller in Burgund, springende Walfische im Indischen Ozean, Schwärme gelber Fische, Wanderdünen in der Sahara, unfassbar schön liniierte Pilze, jahrhundertealte Muscheln, einmalige Spinnennetze, perfekt gelungene Babys. Was ich jetzt sehe, gehört in diese Reihe. Etwa zehn Geigen hängen wie Kleider nebeneinander an ihren Haken. Altviolinen, so schön wie Mädchen, Celli, Kontrabässe. Ein Instrument glänzender als das andere. Glasschränke voll mit ausgebreiteten Dämpfern Kämmen und Kinnhaltern. Regale mit Geigenbögen, Arbeitstische mit Instrumenten, Werkzeug und glitzernden Vergrößerungsgläsern. Bretter voll mit Lackfläschchen und anderem herrlich Riechenden. Alles aufgeräumt und praktisch geordnet. Ich fühle mich wie eine Maus im Käseladen. Als ich das denke, hebt Füchschen, die inzwischen zusammengerollt in einem Körbchen liegt, kurz den Kopf.

Ein uralter Mann spricht mich an. Mager wie eine Latte, langes weißes Haar, graublaue Augen. Eine Figur wie aus einem Tolkien-Buch. Der Mann ist konzentriert mit etwas beschäftigt, ich hatte ihn überhaupt nicht gesehen. Er ruft auf Italienisch seinen Vater, der mir helfen soll. Der Vater scheint in dem Raum zu entstehen, taucht auf aus dem

Nichts. Kam er wirklich aus dem Kontrabass? Er wirkt wie eine ältere Version von Geppetto, dem Vater der schwindelnden Marionette Pinocchio, wie ihn einst Carlo Chiostro gezeichnet hat. Er steht vor mir mit den Händen auf dem Rücken. Nachdem ich ihm erklärt hatte, was mit meiner Violine passiert ist und wodurch, geraten wir in ein Gespräch. Ich erzähle ihm, dass ich ein Theatermacher bin und mit Kollegen durch die Welt reise mit Liedern und Geschichten und mich dabei ab und zu auf der Geige begleite. »Hast du das gehört, Silvano?«, sagt er zu seinem Sohn. »Würden Sie etwas für uns singen und sich dabei begleiten?«, fragt der Sohn. So etwas macht mich verlegen. Ich singe lieber für neunhundert Leute als für zwei. Die Männer setzen sich hin und warten mit einem Lächeln, wie es Menschen im Theater oft in der ersten Reihe zeigen. Es hilft nichts, ich begleite mich in Pizzicatoakkorden auf meiner brückenlosen und dadurch merkwürdig klingenden Geige und singe ein Gedicht von Walther von der Vogelweide in hochdeutscher Version für den Vater und den Sohn.

Wo ist die Zeit geblieben
Jahr für Jahr für Jahr
Träumte ich, dass ich lebte
ist davon nichts wahr

War das, woran ich glaubte
in Wirklichkeit nur Schein
Hab ich zu lang geschlafen
und sah es nur nicht ein

Was früher mir vertraut war
wie meine eigne Hand
ist mir, da ich erwacht bin
auf einmal unbekannt

Hier wurde ich geboren
mit Liebe großgezogen
das Land ist fremd geworden
als wäre es gelogen

All meine Spielgefährten
sind träge nun und alt
bebaut sind alle Felder
gerodet ist der Wald

Die mich von damals kennen
sehn an mir vorbei
die Welt ist voller Kälte
und voller Heuchelei

Wie viel schöne Tage
hab ich hier erlebt
Nichts ist mir geblieben
was mein Herz erhebt

Nichts stimmt mich mehr heiter
überall Verrat
nur der Fluss strömt weiter
wie er's immer tat

In der Stille nach dem Lied höre ich Füchschen schnurren.

»Das Original dieser hochdeutschen Version stammt von Walther von der Vogelweide, einem deutschen Minnesänger und Dichter aus dem zwölften Jahrhundert«, murmele ich noch.

Die Herren applaudieren und fragen, ob ich Tee möchte, wir kommen ins Gespräch. Der Älteste ist hundert und ein Jahr, der jüngste beinahe achtzig. Und der fragt mich: »Können Sie kurz mal bei meinem Vater bleiben? Ich mag es nicht, dass er allein ist. Dann kann ich schnell mal zum Supermarkt. Nach einer halben Stunde bin ich wieder da.« Bevor ich antworten kann, ist der Mann schon weg. Der uralte Geigenbauer hat sich inzwischen in einen bequemen Stuhl gesetzt.

Hundertundeins, wie wird man das? Er erzählt, dass er im süditalienischen Cilento zur Welt kam, einem bemerkenswerten Gebiet ... Der Geigenbauer redet nicht zu Ende, schläft einfach mitten im Satz ein. Sein Kopf sinkt auf seine Brust. Ein leises und regelmäßiges Schnarchen erfüllt jetzt zusammen mit dem Ticken der Uhr das Atelier des Geigenbauers. Auch ich setze mich hin. Füchschen springt auf meinen Schoß und sagt in meinen Gedanken: »Ohne gute Gene hast du keine Chance.« Sie schaut aus dem Fenster und sagt noch leiser: »Iss weniger, nicht mehr als das, was in deine Handflächen passt. Frisches Gemüse, Obst und Fisch. Verwende beim Kochen keine gesättigten Fette, sondern pflanzliches Öl. Würze reichlich mit Kräutern. Vergiss nicht Rosmarin. Trink regelmäßig ein Gläschen Wein oder zwei, drei. Und Wasser, das kann nie genug sein. Geh nach dem Essen spazieren. Lade oft ein oder besuche Bekannte. Umgib dich mit Freunden, der Familie und Nachbarn.« Die Katze schließt die Augen. Opa wird wach und murmelt: »Einsamkeit ist tödlicher als Rauchen. Bestelle ein Abonnement fürs Lachen. Löse ab und zu Kreuzworträtsel. Strebe mit dem Älterwerden ein Leben an, in dem nicht so viel passiert. Lebe fröhlich, langsam. Noch einen Tee?«

Während der alte Mann aufsteht, springt Füchschen von meinem Schoß auf den Boden, klettert in die Gardinen und von da oben auf den Schrank, um da etwas für meine

Augen Unsichtbares zu fangen. Von dem Schrank springt sie danach auf den Boden mit einer Motte in der Schnauze. Der Schrank ist bestimmt zwei Meter fünfzig hoch. »Eine Katze kann«, sagt der alte Mann mit zwei Tassen Tee in den Händen, »mit einer Geschwindigkeit von 97 Kilometer pro Stunde fallen. Das ist so hoch, wie der vierte Stock eines Hochhauses. Fällt sie vom fünften Stock, überlebt eine Katze das nicht.« Füchschen scheint seine Meinung zu teilen.

An der Kraft von Füchschen beeindruckt mich, dass ihr oder sein Schöpfer die Schönheit und die Eleganz der großen Katzen, dem Löwen, dem Puma und dem Tiger, in eine so kleine Katze gepuzzelt hat. Ich muss an das Bild des alten springenden Mannes mit der Geige auf dem Umschlag dieses Buches denken. Für ihn ist der Sprung leicht, solange er niedrig ist.

Wir verabschieden uns herzlich. Ich treffe die Verabredung, morgen wiederzukommen, um die Geige abzuholen. Dazu kommt es nicht mehr. Als ich am nächsten Tag durch die Hotelhalle gehe, werde ich von dem Portier angesprochen, der mir erzählt, dass ein junger Mann gerade meine Geige gebracht hat. Er gibt mir mein Instrument mit einem Umschlag. Ich lese: »Vielen Dank für das Lied und die Begleitung, die Reparaturen kosten nichts.«

Während ich den Brief lese, sehe ich Füchschen auf der Treppe sitzen. Sie wartet, bis ich zu Ende gelesen habe, und geht dann stolz die Treppen vor dem Hotel hinunter und verschwindet im Gewühl der Stadt.

Beinahe fünfundzwanzig Jahre später suche ich, wenn ich in der Gegend bin, noch immer das Haus des Geigenbauers.

War es in Bam-, Heidel- oder Nürnberg? Ich habe es noch nicht wiedergefunden und denke, das ist überhaupt nicht schlimm. Auf diese Weise kann ich doch weiterhin träumen von sehr alten Geigenbauern und Gottes Lachsnäschen, der Katze.

Die Tauben scheißen
Rembrandt weiß
Stau vor Anne Frank
und auf dem Dam
mischen sich Koreaner ein
oder sind es Japaner

Eine betrunkene Frau
lallt über den Platz
und wird von einen Tandem
zweimal überfahren

Und es regnet, regnet, regnet
und wenn es nicht regnet
dann fängt es an zu regnen

Und es gibt
wohin man auch schaut
keine Katze auf der Straße.

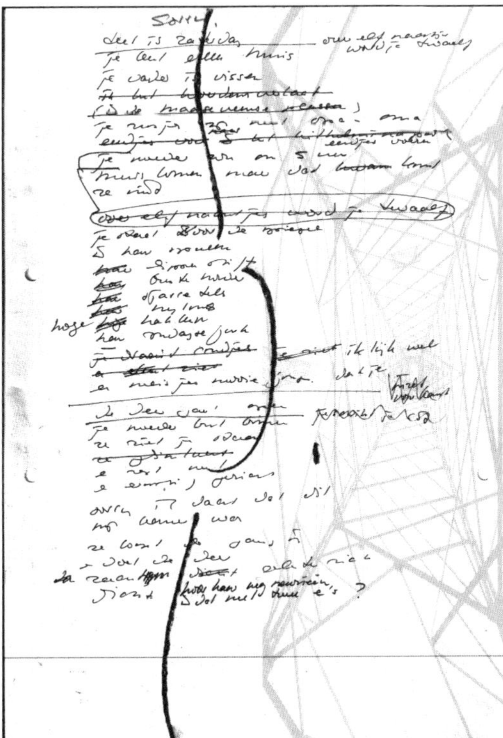

Mit knapper Not

Manchmal entkommt man nur knapp. Der Hausarzt mit dem unheimlichen Namen Doktor Schneider stellte mir Fragen, riss meine Arme hoch, leuchtete mir mit einer Lampe in die Augen, kniff in meine Beine, fragte, ob ich mir die Pyjamahose ausziehen wollte, und zwängte mir danach ein Fieberthermometer in den Kinderpopo. Zog es etwas später heraus, sah, was darauf stand, zwinkerte mir zu und las laut »einundvierzig Grad«, während er das Thermometer mit einem Papiertuch säuberte. »Herman muss augenblicklich ins Krankenhaus, in der Kievitdwarsstraat können wir ihm nicht helfen.« Mein Vater öffnete dem Arzt die Tür, hob mich danach aus dem Bett, wickelte mich in eine Decke, zog mir die von Oma gestrickte rote Wintermütze tief über die Ohren und trug mich mit großen Schritten auf dem schnellsten Weg zum Diakonissenhaus, sechs Straßen weiter. Als Filmmusik hätte zu dieser Szene sehr gut Franz Schuberts Lied »Der Erlkönig« gepasst.

Sie legten mich ins Bett. Mich umgaben seltsame Apparate, merkwürdig, denn gleichzeitig schwebte ich hoch über meinem Bett wie eine Flamme an die Zimmerdecke. Trieb danach wie eine Möwe auf dem Wind aus dem Krankenhaus, über den Utrechter Wilhelminapark, das Gefängnis und die Gasfabrik zu unserem Haus in unserer Straße. Hoch über der Stadt zwischen Millionen lautlos fallender Schneeflocken, die unter mir ständig Flammen auslöschten.

Ohne es gemerkt zu haben, lag ich auf dem Boden und wurde von den stillen Schneeflocken bedeckt. Ich hörte Engel in einer Sprache singen, die ich nicht verstand, oder waren es die Diakonissen? Ich hörte, wie mein Vater mir ins Ohr flüsterte: »Wenn's dir wieder besser geht, gehen wir zum Angeln.« Als mein Vater mich durch den Hausflur zum Krankenhaus trug, hatte ich kurz eine neue Angel mit einem roten Schwimmer gesehen. Ich musste und würde die Nierenblutung bald überwinden, denn ich wollte den roten Schwimmer schwimmen sehen, aber nicht im Trüben fischen, denn, oh Mann, es war schon im letzten Moment.

Genauso im letzten Moment wie damals in den Alpen. Die, die ihr Abitur bestehen würden, durften mit unserem Mathelehrer Maarten van Duinen mit auf eine Klassenreise zum Bergwandern und Bergsteigen nach Tirol fahren. Dafür mussten wir jodeln und klettern lernen. Jodeln konnte uns unser Deutschlehrer Tjeerd de Boorder beibringen. Für das Bergsteigen mussten wir Mitglied im Niederländischen Alpenverein werden, den gibt es wirklich. Als ich das zum ersten Mal hörte, glaubte ich es auch nicht.

Kletterunterricht bekamen wir in einer Ruine, da gab es eine steile Wand, wo ich lernte, mit Tau, Haken und Nägeln wie eine Fliege eine Mauer hoch zu klimmen. Das Abseilen fand ich schöner. In den großen Ferien gingen wir danach in eine Jugendherberge in Tirol. Dort entdeckte ich, dass die Jungen sich den Pullover anders anziehen als die Mädchen. Jungen stecken erst ihre Arme durch die Ärmel und ziehen sich dann den Pullover über den Kopf. Mädchen machen das genau andersrum. Ich mache es wie ein Mädchen. Wir sind ein bisschen abgestiegen, rumgeklettert und aus dem Lachen nicht herausgekommen. Nach einer Woche wurde ich übermütig:

Ich stehe auf einem Hang und sehe unter mir eine mit kleinen Steinen und Schutt besäte Fläche. Ein Kinderspiel. Ich gehe in die Hocke, strecke ein Bein nach vorn aus und fange an, auf meinen Rucksack gestützt, langsam runterzurutschen. Picobello, ich denke, ich hätte alles richtig gemacht, schneller, schneller. Hoch über mir höre ich Herrn van Duinen schreien. Ich will ihm antworten, aber verliere die Kontrolle über meine Fahrt, und die Wörter bleiben mir im Hals stecken. Vor mir droht ein Abgrund, ein echter, wie im Kino. Ich will, mit dem Schlimmsten rechnend, schon die Augen schließen. Da sehe ich in einem Gedankenblitz ein durchgegangenes Pferd vor einem Wagen galoppieren. Der Wagen kippt durch die Fahrt um, natürlich. Ich werfe mich auf die Seite und komme schrecklich knapp vor dem Rand der Schlucht zum Stillstand. Alles, was an meinem Körper zittern kann, zittert, während ich Woody Woodpecker singen höre.

Ich fahre ein Leben danach in meinem nigelnagelneuen Auto von unserem Haus zur Schouwburg in Arnhem. Es regnet in Strömen, und ich werde nicht nass. Ich genieße das glänzende hölzerne Armaturenbrett, die runden Zeiger, den Geruch des neuen Leders, die Geschwindigkeit. Ich sehe eine Pfütze, eine große Pfütze. Der weiche ich nicht aus, da fahre ich durch. Das muss gehen, das Auto war teuer genug. Es schleudert, ich bremse, anstatt gegenzusteuern. Mein Bolide kreiselt um seine Achse. Zweimal herum. Ich sehe während des Schleuderns wie in einem Videoclip meinen Vater und meine Mutter Arm in Arm über die Brücke beim Restaurant Rutex gehen. Papa mit einem Fred-Astaire-Hut, Mama wie eine strenge Shirley Temple. Meine beiden Kinder, die in einem blauen Planschbecken sitzen und einander, aus vollem Halse lachend, nass spritzen. Das Saallicht im Winterzirkus angehen. Meine aufgeschlagene Geigenkiste, das lachende Gesicht meiner Frau.

Autos rasen um mich herum. Das Drehen hört auf. Ich steige mitten auf der Straße aus und kotze den Grünstreifen voll. Während ich nach meinem Mageninhalt schaue, sehe ich mich in einem offenen Grab liegen. Ein Grab, das neben dem von meinem Opa Philippe de Bourbon liegt.

Betrübte Menschen gehen vorbei, werfen Blumen auf mich. Jeder, der vorbeitrauert, ist tot. Alle meine lieben Verlorengegangenen. Ich bin bei meiner Beerdigung der Einzige, der lebt. In meinem Sarg liegt eine Geige.

Meine Mutter starb in einem Krankenhausbett. Sie huschte nach der Besucherstunde weg.

Es ist ein strahlender Herbsttag. Die Sonne hängt tief über dem Maisfeld und bringt in unserem Garten alles zum Glitzern. Ich sitze auf einem Bänkchen auf dem »Opahügel«, wie wir ihn nennen, und schaue auf im Laufe der Jahre zusammengesungenes Land. Ein Eisvogel fliegt im Tiefflug über den Weiher, drei Bussarde purzeln wie Trapezkünstler hoch in der Luft herum. Eine Krähe genießt die Reste eines toten Hasen, in der Ferne rast ein Zug. Ich denke an meinen Vater.

Nach dem Tod meiner Mutter wohnte Papa bei uns und machte jeden Tag nach dem Frühstück bei Wind und Wetter einen kleinen Spaziergang, weil er den sehr genoss, aber auch auf Rat seines Doktors. Mein Vater hatte Probleme mit dem Herzen. Bewegung war gut. Nicht zu viel, nur eine kleine Runde.

Jeden Tag nahm er sich vor, am nächsten Tag ein bisschen weiter zu gehen, seinen persönlichen Kleine-Runde-Rekord zu brechen. Darum kauften wir ein paar Bänke, damit er nach seinen neuen Versuchen immer ein Plätzchen fand, wo er sich zum Ausruhen hinsetzen konnte. So trottete er am Montag von Bank drei beim Weißdorn und in der Woche danach von Bank vier unter der zahmen Kastanie zur Bank fünf bei der Pferdetränke, danach zu sechs, dem »Leerkes Weg«. Wenn die Abstände zwischen den Bänken zu groß wurden, stellten wir mehr Bänke hin. Das kommt mir jetzt zugute.

Im Seniorenwohnheim, in dem meine Eltern vor dem Tod meiner Mutter wohnten, hatte mein Vater einen unglaublich großen und bequemen Sessel aus Nappaleder, ungefähr so groß wie ein Wohnzimmer. Wochenlang hat er mich gefragt, ob wir den Sessel zu unserem Bauernhof bringen könnten. Ich fand den Sessel potthässlich und viel zu groß für sein Wohnzimmer. Aber es machte ihm nichts aus. Wir haben schließlich kapituliert. Ich habe mit dem Neffen André den enormen Stuhl mit einem Bus abgeholt. Noch in dieser Nacht ist Papa mit einem Lächeln und einem Gläschen Jungen Genever in der Hand vor dem Fernseher in seinem nappaledernen Sessel an einer TIA gestorben.

Ich weiß nicht mehr, wie ich es will. Am liebsten überhaupt nicht. Lass mich ruhig der Erste sein, der nicht stirbt. Den Weg auskundschaften. Und wenn dann doch, kaufe ich am liebsten einen Fahrschein für die Überfahrt, gerne mit ein bisschen Musik. Nicht zu laut, etwas Fröhliches, in E-Dur mit Geigen und Gitarren. Ich denke, dass ich dabei sein will, mit dir und dir und dir. Wenn das Leben dann vorbeigeht.

Als ich klein war, wurden manche Menschen schön und ruhig begraben. Zum Beispiel mit einer gelackten Kutsche, gezogen von vier pechschwarzen Friesen mit Kutschern in stimmungsvollen Uniformen und hohen Hüten mit Federn auf dem Bock, leer blickenden Männern, die weiße Handschuhe trugen. Vor dem Zug ging manchmal eine Gestalt, die eine Trommel rührte, manchmal zwölf. Hinter der Kutsche mit dem Sarg ein Wagen, vollgeladen mit Blumen und Kränzen, auf denen geschrieben stand: Ruhe sanft, oder Auf Wiedersehen, Die Erinnerung bleibt, Bis bald, Wir werden dich vermissen, Gute Reise, Wir liebten dich ganz innig. Niemals las man: Was für ein Glück, oder: Schön, dass du weg bist.

Hinter dem Blumenwagen die Kutsche mit der schluchzenden oder schmunzelnden Familie. Dahinter gingen langsam die anderen, die nicht ganz so Nahestehenden. Die Menschen am Rand nahmen ihre Mützen und Hüte ab, wenn ein Trauerzug vorbeiging. Und wenn man keinen Hut oder Mütze aufhatte, dann schaute man auf den Boden, auf die nassen Steine der Straße, die still war. Wenn der Zug vorbei war, dann geriet die Welt wieder in Bewegung. Der Bäcker stieg auf sein Bäckereifahrrad, der Ölhändler gab seinem Zughund einen Stoß, der Polizist stieg auf sein Pferd, die Nachbarin fuhr fort, ihre Fenster zu putzen. Und du kamst zu spät zur Schule. Kein Lehrer wurde böse, wenn man eine Beerdigung sah. Das war bestimmt eine so gute Entschuldigung wie eine offene Brücke oder ein Gleisübergang, auf dem ein unendlicher Güterzug vorbeituckerte.

Heute ist das ganz anders. »An einem Tag wurde das Bestattungsauto für eine Beerdigung gebraucht, am anderen Tag für eine Hochzeit. Den Blumen ist nichts anzusehen«, wie Midas Dekkers sagt: »Blumen für unsere Liebe oder für den Tod, ermordet.« Deutlicher kann die Liebe nicht auf den Tod hinweisen.

Meine Mutter haben wir in einem Ofen verbrannt, auch in Bilthoven, zur Musik von Louis Armstrong und Edith Piaf. Sie glimmte noch, als wir mit Wasser in den Augen nach draußen gingen, und da ging alles weiter, als ob nichts geschehen war. Auch ohne sie wurde es wieder Viertel vor sechs.

Verbrennen geht mir zu schnell. Steckt mich ruhig in die Erde als Festmahl für das, was da an Käfern und Würmern herumwimmelt, in die Nähe eines Baumes, damit ich noch die Vögel singen hören kann.

Übrigens, ist tot wohl tot?

»Ich bin heute Morgen um sieben Uhr gestorben, der Radiowecker zeigt acht Uhr achtundzwanzig an. Mein Daumen liegt zwischen den Seiten des Romans, über dem ich gestern eingeschlafen bin. Anfangs dachte ich natürlich, es wäre nur ein Albtraum ...« So beginnt der Roman *Auf Seelenspitzen* von dem wallonischen Dichter Didier van Cauwelaert.

Ich las auf der niederländischen populärwissenschaftlichen Website *Kennislink* einen Artikel des Wissenschaftsjournalisten Asha ten Broeke. »Sterben ist eine Vereinbarung. Wenn dein Herz und dein Atmen länger und irreparabel streiken oder wenn dein Stammhirn nicht mehr funktioniert, dann bist du tot. So haben das Ärzte vereinbart. Aber Untersuchungen ergaben, dass das so einfach nicht geht. Ein EEG kann drei Tage, nachdem du für tot erklärt wurdest, in deinem Stammhirn noch Gehirnaktivitäten registrieren. Auf der anderen Seite: Laut vieler Hirnforscher kannst du schon sterben, bevor dein Herz, dein Atmen und dein Stammhirn über die Wupper gehen.

Das ruft die Frage auf: Wann wird das, was dich ausmacht, nun genau sterben? Wann bist du Leiche? Wann bist du tot?

Theoretisch gesehen, hast du in dem Moment, in dem die Blutzufuhr zu deinem Gehirn stoppt, noch ungefähr sechs Sekunden, in denen du deine Umgebung erkennst. Solltest du unverhofft unter eine Guillotine geraten, dann würde der Henker dich also fragen können, wie das jetzt ist, sterben, und wann es wirklich aus ist mit dir. Nicht dass du sprechen könntest – dein Kopf ist ja getrennt von deiner Lunge, Luftröhre und Stimmbändern –, aber wenn du zuvor ein Zeichen absprichst (zweimal zwinkern bedeutet ›ich bin noch da‹, dreimal heißt ›sterben ist schmerzlos‹), wäre eine Verständigung theoretisch möglich.«

Vorausgesetzt, dass dein Kopf nicht zu weit weggerollt ist.

Gibt es dich noch? Tut es jetzt weh? Oder wie fühlt es sich an zu sterben?

»Aufhören zu atmen ist erst der Anfang. Früher gingen die Menschen davon aus, dass man tot war, sobald man aufhörte, zu atmen. Das hatte vor allem einen praktischen Grund: Im Gegensatz zum schwer zu hörenden Herzschlag (man denke an: lauter Krankenhaussaal, schluchzende Familienmitglieder, Kriegsgewalt, ausbrechende Vulkane, Wassernot, das Stethoskop war noch nicht erfunden) war das fehlende Atemholen einfach zu kontrollieren. Aber die Wissenschaft und die medizinische Technik schritten fort, und damit die Definition, wann wir jemanden tot nennen. Es ist übrigens nicht einfacher geworden.«

Sterben ist ein weites Feld.

Du bist tot
zumindest
denken das an deinem Bett alle
die dir nahestanden

Sie weinen
du willst deiner Tochter
ein Taschentuch geben
aber deine Arme
schaffen es nicht
willst ihnen sagen
ich scheine tot zu sein
aber ich bin es nicht
du kriegst die Lippen nicht mehr auseinander

Und das geht
so weiter
du willst schreien
leg den Deckel
noch nicht auf meinen Sarg
noch kann ich die Decke sehen
und hören
was sie im Hörsaal
sagen und spielen

Und dann das Schlimmste
man hat nichts ausgefüllt
also ist der Körper jetzt
für die Wissenschaft verloren

Man liegt
auf einem Operationstisch
ein Chirurg schneidet einen auf
man will dem Mann
in die Eier treten
aber die Füße

Warum sind die Füße
festgebunden?

Ich will nicht weiterschreiben, Shit, gibt es denn überhaupt keine Gewissheiten? Im Zweifel also nicht sterben.

Und außerdem, warum sterben, wenn man sich selbst für ein ewiges Leben uploaden kann? Ich halte noch eine Weile durch. Das Uploaden ist schon fast möglich. Sie nennen es Transhumanismus. Irgendwo in Amerika steht schon ein Zentrum, wo Menschen sich nach ihrem Tod blitzschnell tiefkühlen lassen können, in der Hoffnung, dass zukünftige Technologie sie wieder zum Leben erwecken kann. Dort stehen, berichtet der Journalist Tonie Mudde, riesige Thermosflaschen mit flüssigem Stickstoff, in dem gestorbene Menschen oder sogar nur ihre abgeschnittenen Köpfe schwimmen. Das Letzte ist nämlich ein Schnäppchen: fünfundsiebzigtausend Euro anstatt zweihunderttausend Euro für den ganzen Körper. Sie reden da nicht von Toten, sondern von Patienten. Die Menschen, die dort beschäftigt sind, sehen den Tod als reparabel an. Sie sind davon überzeugt, dass die ständig wachsende Rechenkraft der Computer großen Einfluss auf unsere Körper bekommen wird. So werden wir, ihrer Meinung nach, in der Zukunft eine Lösung für alle menschlichen Krankheiten finden. So wie man Programmierungsfehler aus einem Computerprogramm entfernt. Sie basteln daran, sagt Mudde, Gehirne uploaden zu können mit dem ultimativen Ziel, Körper und Geist zu trennen. Und den Geist dann wiederum auf irgendeine Weise ebenfalls irgendwie upzuloaden. So würde man in einem menschenartigen Roboter endlos weiterleben können, wie in der Science-Fiction-Fernsehserie *Westworld*, oder digital, in einer Art Cloud. Gesetzt den Fall, dass so etwas gelingt, könnte man dann dem eigenen Gehirn eine E-Mail schicken? Und würde das vernünftig sein?

Schatz
sollte ich einmal
durch was auch immer
den Verstand verlieren
wodurch mein Herz mit Papierkugeln schießt
oder ich nicht weiter kann
als mein Spazierstock lang ist.

Roll mich dann nicht
in so ein Zuhause
auf dem geschrieben steht
Carpe Diem
oder
wir sind fast da

Wo du als Kaktus
versorgt wirst
in Kinderwörtern
angesprochen
wie eine Puppe gewaschen

Willst du mir dann
einen Johnny Walker schenken
mit einer Überdosis
Sandmann

Gönne mir dann
einen sanften Tod
einen Lebenstod
einen Ich-lach-mich-Tod
einen Sonnentod
einen Auf-deine-Gesundheit-Tod

Ich werde mich zudecken
mit weicher Erde
ohne Grabzweige
oder Gladiolen
wirf auf mich Veilchen
und Bündel
Lauch

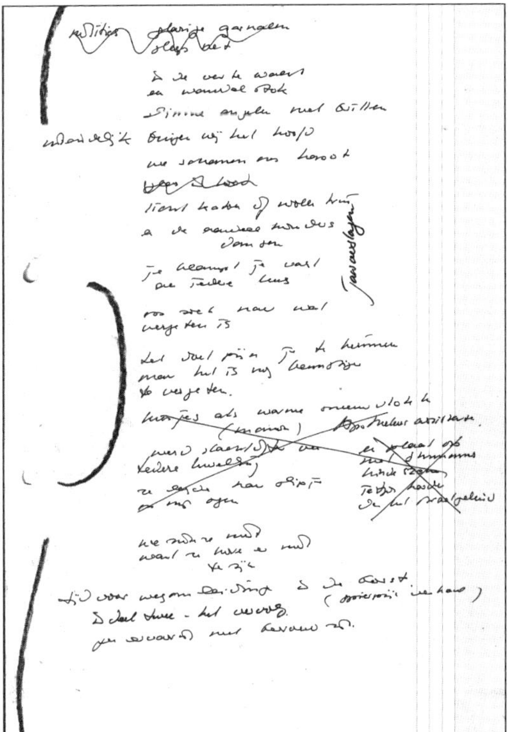

garnalen
vergeten is
vergeten.
warme

Zum ersten Mal

Hé kleine meid op je kinderfiets
de zon draait met je mee

Das sind Zeilen aus einem Sommerlied von Ralph McTell, aus dem Englischen übersetzt von meinem Gefährten Rob Chrispijn.

Zomer glijdt langs je heen
met je haar in de wind
en de zon op je wangen
rij je me zomaar voorbij

In der deutschen Version von Thomas Woitkewitsch heißt es:

He, kleiner Fratz auf dem Kinderrad
du führst in der Tour d'Elégance
mit den Haaren im Wind
auf den Wangen die Sonne
saust du vorbei wie der Blitz – flitz

Das sang ich für meine Tochter, als ich noch ein junger Vater von zwei Kleinkindern war. Einem kleinen Jungen, der jetzt ein Große-Menschen-Mann ist. Und einem Töchterchen, jetzt Mutter von zwei großen studierenden Söhnen.

Das Kinderrad haben wir noch. Es hängt an einem Strick auf unserem alten Dachboden zwischen den alten Sachen, den Koffern, den Körben, den Schlittschuhen, kaputten Lampenschirmen, Skischuhen und Schachteln. Da, wo alles aufgehoben ist, um irgendwann aussortiert zu werden, später, also nie mehr. Denn es ist ja schon später.

Bald werde ich vierundsiebzig. Ich sehe es an den Bäumen, höre es in dem Wind, spüre es an den Vögeln, fühle es in meinen Knien. Es liegt etwas Heiteres in der Luft.

Ich starre auf den Weg entlang der langen Weißdornhecke, denke: Die muss dringend wieder geschnitten werden. Ich sehe in Gedanken auch die Bilder wieder von dem weißen Tupfer im Grün, das schlingernde blinkende Kinderrad. Bilder, die ich nie mehr erreichen werde, die sich nur noch in meinen Gutenmorgenträumen zeigen.

Als ich heute Morgen die Zeitung aufschlug, fand ich ein seitengroßes Interview des Journalisten Paul Onkenhout mit meiner Tochter Babette, dem kleinen Fratz. Sie wird wie folgt beschrieben:

»Babette van Veen (50) spielt seit 1990 in *Gute Zeiten, schlechte Zeiten*, sang in einer Mädchengruppe und kommt jetzt mit einem Vorlesebuch.

›Mach es mit Herz und Seele, das hab ich von meinem Vater gelernt. In gewisser Weise bin ich in die Fußstapfen meines Vaters getreten. Wenn dein Vater Bäcker ist und du in einer Konditorei aufwächst, wirst du selber auch Croissants lieben. Es ging automatisch. Ich vergleiche mich nicht mit meinem Vater. Andere machen das. Leute, müssen wir jetzt echt die ganze Zeit über meinen Vater reden? Das soll nicht heißen, dass er für mich nicht eine große Inspiration gewesen ist. Er tat, was er tun wollte, und jagte seinen Träumen nach. Von acht Plänen glückten vielleicht drei, aber er war immer beschäftigt und hat sich immer Dinge einfallen lassen. Es war schön zu sehen, wie jemand seinem Herzen folgt und eventuelle Fehlschläge in Kauf nimmt. Mach es mit Herz und Seele, das habe ich von ihm gelernt.‹«

Was mir beim Lesen auffiel, war, dass über mich, offensichtlich unbewusst, gesprochen wird, als gäbe es mich nicht mehr. So wird es also später sein, später, wenn du Asche bist. Und du in ein paar Milliarden Stäubchen verteilt über einem Rasen liegst und nach der Welt lauschst.

Ich erinnere mich noch, dass ich vor ungefähr fünfzehn Jahren, nachdem ich mein Auto in den zugigen Galerien des Amsterdamer Ajax-Stadions geparkt hatte, dem Weltfußballer Johan Cruijff begegnete. Wir kannten uns von damals, als wir mehr oder weniger unseren Beruf ergriffen und, der eine ein bisschen mehr als der andere, Aufsehen erregten. Er kam mit Ajax und dem damaligen Trainer Rinus Michels ins Carré, um sich unsere Vorstellung anzusehen. Wir besuchten unsererseits das Ajax-Stadion, um ihn spielen zu sehen. Wir gingen zusammen plaudernd zum Stadion. Da sagte ein Vater zu seinem Sohn: »Dieser Mann«, während er Johan direkt ins Gesicht sah, »das war Johan Cruijff.« Das war für mich eine neue Erfahrung, dass über jemanden, der noch lebt, in der Vergangenheit gesprochen werden konnte. Ich weiß, dass der Mann das nicht so meinte, aber ...

Ich lege meinen Bleistift hin und denke jetzt, wann sahst du eigentlich zum ersten Mal Fußballschuhe? Ein Hochzeitskleid in einem Schaufenster? Wann hörtest du zum ersten Mal das Trommeln in den Wolken? Sahst du glasige Garnelen am Strand, bleiernes Glas? Dachtest du: Du bist siebzig, wird es nicht allmählich Zeit, angeln zu gehen?

Wann wusstest du zum ersten Mal, dass Hausstaubmilben, die von Milben leben, die Milben, die den Kot der Milben, die Milben essen, essen? Wann hörtest du zum ersten Mal einen Wecker klingeln und begriffst, dass das Abbröckeln der Eisplatten jetzt unumkehrbar ist?

Wann wusstest du zum ersten Mal, dass auch schlechte Witze gemacht werden dürfen und dass für ein spannendes Buch ein Mord nicht notwendig ist?

Wann schriebst du zum ersten Mal: Es tut weh, sich zu erinnern, aber es ist noch beängstigender, zu vergessen? Und wann lasest du zum ersten Mal über ein Altersheim?

Wann begriffst du zum ersten Mal, dass du hier jetzt nicht gelandet wärst, wenn niemand deine Vorfahren, die Hugenotten, in diesem Land, in dem wir jetzt leben, willkommen geheißen hätte?

Wann wurde dir zum ersten Mal klar, dass für dich keine Romantik zu sehen ist bei besoffenen Dichtern, die von Hotels springen? Oder Junkies, die Spritzen durch die Jeans in Oberschenkel stechen?

Wann hast du zum ersten Mal Vanilleeis gegessen, bist du zum ersten Mal gekommen? Und danach mit wem oder bei wem und wie oft noch danach?

Wann checktest du zum ersten Mal, dass du in diesem Buch nur ein Mal im Auto sitzt? Während du doch so ungefähr ein Viertel deiner Zeit in so einem Ding verbringst?

Wann sahst du zum ersten Mal eine Kuh und hast du den Unterschied verstanden zwischen Spektakel und Theater, zwischen Untergang und Demokratie? Wann schriebst du zum ersten Mal einen Brief und an wen? Und was schriebst du damals?

Wann öffnetest du zum ersten Mal einen Kühlschrank und was holtest du dir damals heraus? Und wann begriffst du, dass dein Vater der Nikolaus war, und sahst du zum ersten Mal, dass das Schwimmbad geschlossen war? Wann riefst du zum ersten Mal einen fernen Freund an, kurz nachdem ein guter gestorben war? Wann weintest du achselzuckend ohne Achseln in der Nähe?

Wann dachtest du zum ersten Mal nach über die Gleichzeitigkeit von Gegensätzen?

Wann entschiedest du dich zum ersten Mal, niemals Unterwäsche eines anderen anzuziehen? Wann hörtest du zum ersten Mal deine Mutter sagen: Das Mädchen ist mannbar?

Als du das erste Mal von einem Baum herunterfielst und dir die Knochen brachst, begriffst du damals, dass Fallen sinnvoll war? Wann gebrauchtest du zum ersten Mal einen Kaffeefilter und eine Paracetamol-Tablette und bekamst du Hühnersuppe?

Als ich in Afrika eine Township besuchte, dämmerte es mir zum ersten Mal, dass Afrikaans nicht nur eine weiße Sprache ist.

Wann erfuhrst du zum ersten Mal, dass du jemanden auch ganz schön beleidigen, kunstvoll kränken und einen verletzenden verbalen Seitenhieb geben kannst? Wann hörtest du zum ersten Mal jemanden sagen: Die Musik von Wagner ist besser, als sie klingt? Und lasest du: Schreib mit Schärfe?

Wann wurde dir zum ersten Mal klar, dass du nicht gerne telefonierst? Wann sahst du zum ersten Mal jemanden einen Apfel mit einem Mal schälen, ohne dass die spiralförmige Schale brach?

Wann schriebst du zum ersten Mal: »Die Kinder, die ich habe, sollten in erster Linie frei bleiben«? Wann wurde dir zum ersten Mal bewusst, dass es normal ist, ab und zu große Angst zu haben? Wann wolltest du zum ersten Mal etwas sehr gerne festhalten, dass du loslassen musstest?

Wann überkam dich zum ersten Mal eine »Kaffee-Illusion«, und was ist das? Wann begriffst du, dass es in Zukunft Nanotierchen geben wird, die auf Bestellung machen können, was man braucht?

Wann hast du zum ersten Mal Schokostreusel gegessen und wann sahst du das phänomenale Ausmaß deiner Unwissenheit?

Wann erfuhrst du zum ersten Mal, dass im Zweiten Weltkrieg nur sechs Prozent der Niederländer aktiv im Widerstand waren? Und den Satz von Louis Tas: »Die ersten Lebensjahre sind schwer, danach geht es nur noch bergab.«

Wann dachtest du zum ersten Mal, der Mensch ist auch nur ein Tier, und entdecktest du auf der Klotür einer Tankstelle den Spruch: »Alles macht mit an der Wirklichkeit«?

Und wann hast du gelesen, zweimal hintereinander, »die Fantasie macht sich nichts aus dem Tod«? Und danach dem Journalisten Arjan Peters keinen Brief geschrieben, um zu sagen, wie schön du das fandst?

Wann wurde dir dein erster Weisheitszahn gezogen? Wann wirst du ihn in deinem Leben nicht allzu lang vermissen?

Wann hörte man zum ersten Mal, dass in der letzten Zeit vierhunderttausend Flüchtlinge auf Sizilien angekommen sind? Wann zählte man zum ersten Mal die Tropfen der Eisblöcke, die der Eismann einem nach Hause brachte?

Wann war für dich zum ersten Mal ein junger Korn ein universelles Heilmittel? Und erschrakst du, als du in der *New York Times* lasest, dass sechzig Prozent der jungen Amerikaner nicht wissen, was der Holocaust ist? Wann entdecktest du zum ersten Mal Froschlaich? Wann wurdest du in einem Geschäft zum ersten Mal ungefragt mit »Sie« angesprochen? Wann hast du dir zum ersten Mal die Nase geputzt und das Taschentuch danach in die Hosentasche gesteckt, wo auch schon eine Mundharmonika und ein Gummiband drin waren?

Wann erwachtest du zum ersten Mal in einem Fremdenzimmer? Und sahst an der Zimmerdecke eine Lampe hängen mit einem Fliegenfängerstrip von Aeroxon? Wann bist du da, nachdem du es gesehen hast, auf eine Sache gestoßen?

Wann spieltest du zum ersten Mal mit einem Dinky Toy? Und sahst zum ersten Mal eine Laufmasche in einem Nylonstrumpf? Wann merktest du zum ersten Mal, dass du mit ausgestreckten Knien mit deinen Fingerspitzen den Boden nicht berühren konntest und die Kinder kichern hörtest? Und was dachtest du damals?

Wann fragtest du dich: Soll man, wenn das möglich ist, sich für eine Matratze oder für sie entscheiden? Brüste oder Pobacken?

Bei welcher Gelegenheit bist du zum ersten Mal errötet und hast dich warum zum ersten Mal geschämt? War das nicht, weil jemand sah, dass du errötetest? Heißt es deshalb »schamrot«?

Wann stand im Bus zum ersten Mal jemand für dich auf und bot dir seinen Sitz an? Wann blicktest du zum ersten Mal so stumm? Wann hast du so oft die Stirn gerunzelt, dass du auf ihr jetzt Straßenbahnschienen hast? Wann hörst du endlich damit auf, dich mit Prophezeiungen imaginärer Ereignisse zu beschäftigen? Wann dachtest du zum ersten Mal: Es ist doch nur der Text eines Liedes?

Wann sagtest du zum ersten Mal: Ich bin von nach dem Krieg und hoffe, dass das so bleibt? Und alles hat ein Ende, also auch der Tod? Wann sangst du »alles hat einen Anfang«?

Wann begriffst du zum ersten Mal, dass die meisten großen Konflikte die Folge einer kolonialen Vergangenheit sind? Und dass unsere ganze Ökonomie auf Gewinn basiert und ihm die ganze Zivilisation unterstellt ist?

Wann grubst du zum ersten Mal einen Schatz aus? Und dachtest du: Ich habe lieber Geldscheine in meiner Hosentasche als eine Kreditkarte?

Wann dachtest du zum ersten Mal: Wenn du den Tagen der Woche eine Farbe geben könntest, welche Farbe würde dann heute kriegen? Und: Müssten nicht alle Tierärzte Vegetarier sein?

Wann wurdest du zum ersten Mal aus der Klasse geschickt, weil du mit Papierkugeln auf Max geschossen hattest, der zurückschoss, und du damals etwas zu laut »au« riefst? Wann trugst du zum ersten Mal Müll zur Mülltonne?

Wann sahst du zum ersten Mal einen Chinesen? Und schautest erstaunt deinen Vater an, der dir sagte, dass das ein Chinese war?

Wann wirst du zum ersten Mal etwas sicher wissen und begreifen, dass du nicht deine Gedanken bist?

Wann wirst du zum ersten Mal ein Urenkelkind riechen? Und zum ersten Mal fühlen, was es heißt, nur noch abhängig zu sein? Wann wirst du zum ersten Mal erkennen, dass – ich werde das Wort jetzt zum ersten Mal schreiben – »Leptoquark« die Mutter aller Teilchen ist?

Wann wird es zum ersten Mal zu dir durchdringen, dass deine Erinnerungen nichts anderes sind als eine Widerspiegelung dessen, von dem du denkst, dass es geschehen ist? Wann kommt das Ende?

Wenn ich jemals
vor einer Entscheidung stehe
einer schwierigen
einer großen

wie soll ich mich dann entscheiden
wenn die Dinge
genauso sind wie früher

was soll ich dann tun
soll ich wollen
soll ich müssen

speichellecken
stell ich mich stur
oder trete ich
mit Füßen

abhauen
untertauchen
mich wie Vieh
transportieren lassen

soll ich sprechen
schweigen
weiterkämpfen
bis zum Schluss
brav sein
überleben
Held sein oder ausgelöscht
Hosenscheißer
ein Typ, der es gewusst hat
oder einer
der sich geirrt hat

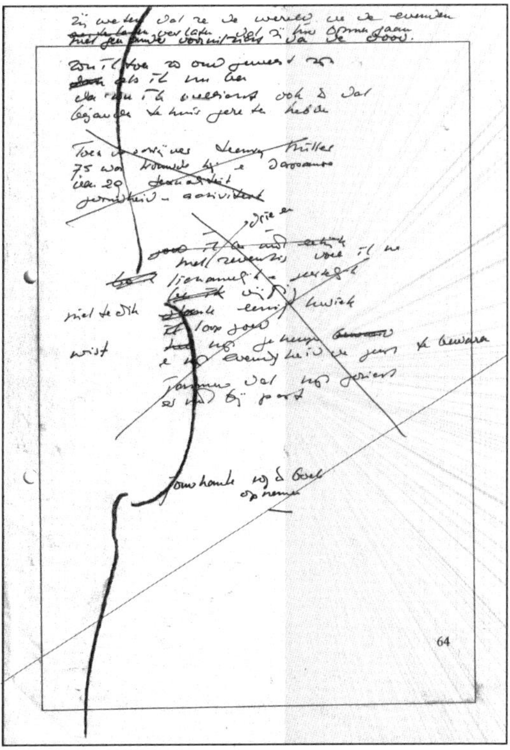

Nachwort

Jede Geschichte in diesem Buch ist ein persönliches Beispiel.
Ersonnen, ausgedacht, umgestaltet, erfunden.
Ich konfrontierte alles mit etwas Wahrem.
Erweiterte, entlieh.
Fügte etwas von mir hinzu.
Schrieb aus dem Geschehen und Erinnerungen,
jonglierte mit meiner Fantasie.
Es ist mir nicht immer geglückt,
leicht zu formulieren,
was schwer ist.

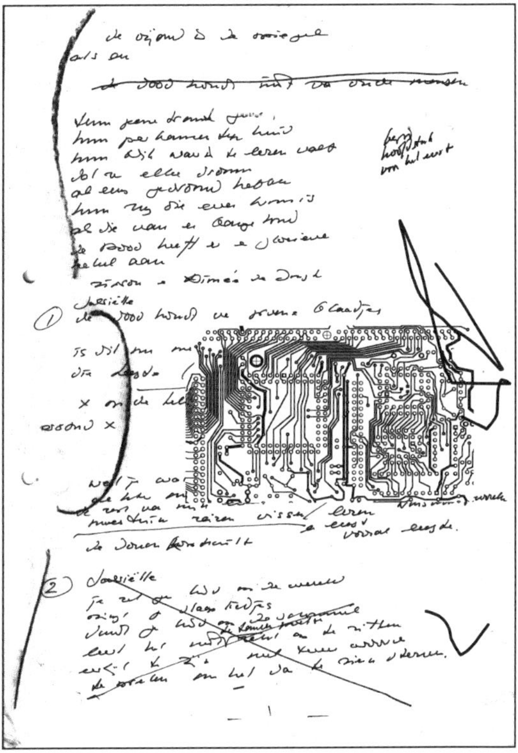

Dank

Edith Leerkes, Doke Pauwels,
Dieuwertje van Ravenswaaij, Letja Verstijnen,
Eva Schuurman, Ilka Heinemann,
Saartje Schwachöfer, Thomas Woitkewitsch
und meine Töchter.
Ich bat euch um euren Rat,
tausend Dank.